उत्सव का पुष्प नहीं हूँ

उत्सव का पुष्प नहीं हूँ

अनुराधा सिंह

वाणी प्रकाशन

सजिल्द प्रथम संस्करण : 2023

वाणी प्रकाशन

4695, 21-ए, दरियागंज, नयी दिल्ली 110 002

फ़ोन : +91 11 23273167 फ़ैक्स : +91 11 23275710

शाखाएँ

अशोक राजपथ, पटना 800 004, बिहार

कॉफ़ी हाउस कैम्पस, महात्मा गांधी मार्ग, इलाहाबाद 211 001, उत्तर प्रदेश

महात्मा गांधी अन्तरराष्ट्रीय हिन्दी विश्वविद्यालय, वर्धा 442 001, महाराष्ट्र

36/ए, शेक्सपीयर सरणी, रानी बिरला गर्ल्स कॉलेज के पास, कोलकाता 700 017, प. बंगाल

www.vaniprakashan.com
marketing@vaniprakashan.in
sales@vaniprakashan.in

Utsav Ka Pushp Nahin Hoon
by Anuradha Singh

ISBN : 978-93-5518-522-8
Poetry Collection

मूल्य : ₹ 450

आर. टेक ऑफ़सेट प्रिंटर्स, दिल्ली-110 032 में मुद्रित

वाणी प्रकाशन का लोगो मक़बूल फ़िदा हुसेन की कूची से

लोहे के तावीज़ सा
मेरे होने को बाँध लो अपनी बाँह में
मृत्यु पर सोना उतारते हैं सब
लोहा चढ़ सकता है साथ चिता पर
सब तुम्हें समर्पित माँ!

अनुक्रम

वेटिंग रूम में सोती स्त्री

हरे मखमली पत्तों पर सहेजा
चम्पा का शीलवान फूल नहीं
अज्ञात रेगिस्तान में
जहाँ-तहाँ भटकता
ख़ुदमुख़्तार रेत का बगूला है
रेलवे के प्रतीक्षालय में बेसुध सो रही औरत

मानो अगली किसी ट्रेन का टिकट
उसके बस्ते में नहीं
और इस शहर में कहीं जाना नहीं उसे
मानो किसी घर में उसके दूर देस से लौट आने की
प्रतीक्षा नहीं हो रही
करवटें नहीं बदल रहा कोई प्रेयस
कहीं उदास सफ़ेद सिलवटों पर
मानो चूल्हे पर खदबदाती दाल कहीं विकल नहीं कि
कोई आये
चमचा ही घुमा जाये
नहीं है किसी दफ़्तर के
बेचैन आँकड़ों को
उसके एक सही का इन्तज़ार
ऐसे सो रही है वह निश्चिन्त

सूरज भी चढ़ आया है आज इस तेज़ी से
कि आस-पास बैठीं औरतें
दिन चढ़े तक सोती इस औरत के
चाल-चलन को लेकर हलकान होने लगी हैं
कि ऐसे तो यह
किसी रात प्रेम भी कर लेगी घर से बाहर
कैसी औरत है
इसे अपने थान पर पहुँचने की जल्दी नहीं
इसका कोई खूँटा है भी या नहीं
बिना नाथ-पगहा सोती है क्या कोई औरत
ऐसे चित, ठीक पृथ्वी की छाती पर।

रेलवे वेटिंग रूम में सोती हुई अकेली स्त्री
जवाबदेह नहीं
चाय की असमय पुकार की

वह औरतों के
अकारण रात भर घर से बाहर रह सकने
की अपील पर
पहला हस्ताक्षर है।

भी
(स्त्री-कविता)

मेरे हिस्से उनका विनोद था
गज़ब सेंस ऑफ़ ह्यूमर
ऐसे-ऐसे चुटकुले कि
कोई हँसता-हँसता दोहरा हो जाये

लेकिन मैं नहीं हँसी
मुस्कुराई भर
मुझे अपने लिखे पर बात करनी थी

मेरे पास मीठा गला था
स्त्रियोचित लोच और शास्त्रीय संगीत की समझ
मन्द्र सप्तक में भी कहती रही
मैं भी कवि हूँ
गाने पर नहीं कविताओं पर बात करते हैं
मेरे पास था उज्ज्वल ललाट
छोटी-सी यूरोपीय खड़ी नाक और खिंची
पूरबी आँखें
और-तो-और मेरे चिबुक का स्याह तिल
पहुँचने ही नहीं देता था
उन्हें मेरी कविताओं तक

फिर मैंने कहा, आप
सदियों से मेरे चमकदार खोल की
प्रशस्ति कर रहे हैं
जबकि लिखते-लिखते
मेरी आत्मा नीली-काली हो गयी है
दया कर, एक बार उसे भी पढ़ लीजिए

आपने सही कहा- मैं खाना अच्छा बनाती हूँ
चित्रकारी उम्दा करती हूँ
बागवानी प्रिय है
नौकरी में कर्मठ कही जाती हूँ
वात्स्यायन की मानें
तो केलि और मैत्री के लिए सर्वथा उपयुक्त

किन्तु आपके सामने बैठी हूँ मैं
सिर से पैर तक एक कवि ही बस
आइए, मेरी भी कविताओं पर बात करें।

तुमने माँगा है जो फूल

मैंने तुम्हें गूलर के गाछ की फोटो भेजी
तुमने कहा एक इसके फूल की भी भेजो
चाहती तो थी
कि जीवन के इस घमासान में तुमसे
अपनी याद का एक कातर क्षण
ढूँढ़ने को कहूँ
किन्तु पहर भर ढूँढ़ती रही हर पत्ती फल के पीछे
वह फूल जो तुमने माँगा था

शाम हो चली है प्रिय
न हो तो एक बार मुझसे मेरी आत्मा भी माँग देखो
माँग लो साधारण ही पर सचमुच का कोई पुष्प
या उससे भी साधारण यह हृदय माँग लो

तुमने पहली बार कुछ माँगा है
मैं जीवन भर इस कीटग्रस्त
पुष्पहीन वृक्ष को ताकती खड़ी रह सकती हूँ
प्रेम में मौन को सहमति मान ढाँढस रखा है मैंने
किन्तु जानती हूँ
गूलर पर फूल नहीं खिलते।

मटर का कीड़ा

मटर की बन्द फली
उस एक तिहाई इंच के हरे कीड़े की
पूरी दुनिया है
पाँच दाने हैं
अकूत सम्पदा जीवन के लिए

दस रुपये पाव, तुम्हारे और दुकानदार के
बीच का विनिमय है
मटर के कीड़े का अनुबन्ध तो ईश्वर से है
जिसने दाने के गर्भ में
आरोपित किया है उसे

तुम्हारे फली खोलते ही
उसे मजबूरन शामिल होना पड़ा है
तुम्हारे विपणन संसार में
वरना फली में
वह अपनी दुनिया का बाहक बाशिन्दा था
उसकी औक़ात एक कीड़े से कहीं ज़्यादा थी।

ढँकने का काम

ईश्वर ने
समन्दर को लहरों से ढँका
पृथ्वी को आकाश से
रात को नींद से
और अन्त में हर दिखाई देती चीज़ को
हवा से ढँक दिया

स्त्री ने
भूख को रोटी से और
वासना को प्रेम से ढँका
अपने प्रेम को विवाह से ढँकने के बाद वह
धूप ओढ़कर एक बच्चे को दूध पिलाने लगी

पुरुष ने दुनिया से लौटकर देखा कि
स्त्री की आँखें अनावृत्त थीं
वह निराश हुआ और उसने
ईश्वर के पृथ्वी, आकाश, समन्दर और रात को
एक घर से ढँक दिया

फिर उसने
स्त्री के वक्ष को कंचुकी से ढँकने से पहले
उसके होने को अपने होने से ढँक दिया।

झूठे प्रेम के पक्ष में

निष्पाप लड़कियाँ सहेली के नाम
मिलीं प्रेमियों से
जिन पुरुषों से तनिक ग़लत की उम्मीद नहीं थी
उन्होंने भी प्यार के लिए झूठ बोले
आकाश से अधिक सरोवर के सीने पर खिलता है चाँद
अपराधियों से कहीं मिथ्यावादी होते हैं प्रेमी
फिर भी तुम चाहते हो निरा सच्चा हो मेरा प्रेम

ग़लत पते पहुँचे पत्रों के भी कुछ वाक्य
सही पते पहुँच जाते हैं
झूठे प्रेम में लिये गये आलिंगन
कतिपय सच्चे होते हैं
क्षण भर में ही भर सकती है आत्मा किसी को
चिर अँकवार में
एक रात के लिए प्रेम करने वाले भी
विषण्ण रातों में सहेजते हैं तकिये पर छूटा हुआ वह बाल
क्षण भर को जो हो वह भी तो कुछ प्रेम है

जो आजीवन साथ न रहने के लिए मिले
उनके छूटने में भी एक साथ शेष रहा

तिनका आँख में पड़ जाये तो आँसू
सिर्फ़ आँख की पीड़ा के नहीं बहते
प्रेमियों को असीसतीं पत्नियाँ भी
पति का क्लान्त मुख देख निढाल हो जाती हैं
पत्नी की हृदयहीनता सोचते हुए भी
प्रेमी याद करता है उसे ही बात-बात
आस्थाओं का विस्तार
छल और भरोसे के भेद को धुँधला देता है

चाहे तुम नित्य कसो मेरे प्रेम को कसौटी पर
किन्तु याद रखना
जैसे हिंसा अनिवार्य हो तो भी सुन्दर नहीं दिखती
अतिशय मोह सच्चा नहीं लगता
झूठे प्रेम में सब मिथ्या नहीं होता।

मुझे मिट्टी कर दो

वह पूछता है, कैसी हो
मैं 'ठीक' कह देती हूँ
जानते हुए भी कि यह सदा ठीक भाव
मेरे मन की ज़मीन को
अनश्वर प्लास्टिक-सा हथियाये ले रहा है

मैं जो तीली के गन्धक का
अपने क़द से बड़ी लौ में
जल मिटना सराहती हूँ
मैं जो एक चुम्बन के स्वप्न में
यह समूचा जीवन नष्ट कर देना चाहती हूँ
मुझे तो इस पृथ्वी पर
किसी के सदा के लिए
डट जाने के ख़िलाफ़ होना चाहिए

चाहे वह प्लास्टिक हो या मेरा प्रेम

दया कर मुझे अयस्क ही रहने दो
सड़ता सियाहता पृथ्वी की अन्धी कोख में
मिट्टी से अधिक जिसकी औक़ात न हो

क्योंकि पिण्ड जो जलकर कार्बन हो गये
हीरे बनकर बरसे वही दूसरे ग्रहों पर
पत्तियाँ जो दब गयीं मिट्टी में
उन्हीं के किनारों से फूटे नये पौध

माँएँ जो भूल गयीं कि वे मनुष्य हैं
बार-बार गयीं सौरी में
उन्हीं ने जनमे पिता कहाने को पुरुष
लोग जो जंग खा गये
मिट्टी हो गये
जिनकी आत्मा को दुःख का घुन लग गया
वही नयी दुनिया की ज़मीनें तैयार कर सके

अमरत्व की आकांक्षा में इस्पात हो चुके लोग
ढल जाते हैं बाज़ार की मनचाही आकृतियों में
खो देते हैं
सुकुमार बीजों को अँखुआ देने की अलौकिक सामर्थ्य
चीजें जो नष्ट होना नहीं जानतीं
अपना सब कुछ नष्ट कर देती हैं
मिट्टी हुए बिना मिट्टी में धँसे रहने की पीड़ा
इस्पात जानता है

अब जब तुमने विनष्ट कर ही दिया
मेरा विश्वास
मैं नहीं चाहती कि
मेरा आहत भाव ही
बना रहे अक्षुण्ण प्लास्टिक-सा
स्थायी इस्पात-सा
चाहती हूँ कि फिर प्रेम ही करूँ

छार-छार हो
मिट्टी हो जाऊँ
फिर विश्वास उपजाने के लिए

और तुम हाल पूछो
तो बता सकूँ, ठीक नहीं हूँ बिलकुल भी।

इस दृश्य में मुझे क्षमा करना था

यह हमारे साथ के एकांकी का आख़िरी दृश्य था
इसमें तुम्हें पश्चात्ताप करना था
और मुझे तय करना था
तुम्हें बरी करूँ, न करूँ

इसे यात्रा का वह पड़ाव होना था
जहाँ बेड़े लंगर उठा लेते हैं
और जहाज़ में खड़े मुसाफ़िर किनारे की ओर
पीठ फेर लेते हैं
तुम्हारी हर पुकार को अनसुना कर मुझे
आगे बढ़ जाना था
तुम्हें बहुत लज्जित होना था
मेरे दिल के छालों पर ठण्डा सेंक लगना था

लोग पूरी किताब को उपसंहार की प्रतीक्षा में पढ़ लेते हैं
पूरी फ़िल्म को एक दृश्य की प्रत्याशा में देख लेते हैं
पत्नियाँ बालों में चाँदी आने तक पति के
पछताते हुए घर लौट आने का सपना देखती हैं
तो यह अन्याय न हुआ
कि उसी दृश्य में काँपते-ठिठुरते
मेरी बरसाती में शरणागत हो जाओ, जिसमें तुम्हें
पराजित होना था

दण्डित होना था
और मुझे प्रतिशोध से इनकार कर देना था

यूँ तो सदा असंगत रहे तुम, प्रेम!
फाल्गुन भर सतरंगी बातें कीं
चैत्र में निराश के फूल खिला दिये
तुम्हें न देखने तक मैं काम्य रही
चाहते ही निष्काम हो गयी

मुझे रोष तो नहीं कि
तुमने रंजिश ही निबाही तमाम उम्र
किन्तु सोते समय आँखों में रेत हो
तो भी सपने नख़लिस्तान के ही देखे जाते हैं
जीवन की हर अन्यायपूर्ण कथा
पोएटिक जस्टिस पर ही समाप्त होनी चाहिए
पर्दा गिरे तो मलाल नहीं होना चाहिए
कि इस दृश्य में तुम्हें पश्चात्ताप और
मुझे क्षमा करना था।

पानी में शक्कर-सी लड़की

मैं उसकी मुट्ठी में बन्द उँगली हूँ
उसने थामा था सहारा देने के लिए
और मैं पसीने में तर
उसकी पकड़ से छूटने के लिए हूँ बेचैन

मैं उसके कण्ठ में थरथराती
वह आवाज़
जिसे वह बोलना नहीं चाहता
मैं एक शब्द बनने के लिए तरस रही हूँ
और उसके ज़हन में मेरा समूचा अर्थ क़ैद है

मैं वह स्वप्न हूँ जिसे वह रोज़ अपनी नींद में देखता है
उसके जागते ही
एक धुँधले अघटित में तब्दील हो जाती हूँ

लोग चेताते रहे
प्रेम न मिले तो व्यर्थ हो जायेगी लड़की
कौन बताता कि प्रेम होते ही
पानी में शक्कर-सी घुल जायेगी
हर घूँट में महसूस होगी
पर दिखेगी नहीं फिर कहीं लड़की।

स्त्री का कुलनाम

स्त्रियो, तुमने
इतने स्वेटर बुने कि चाहतीं तो उस ऊन से
पृथ्वी से चन्द्रमा तक पेंग भरने वाला
एक झूला बुन लेतीं
इतनी रोटियाँ पकाईं
कि तरतीब से रखतीं तो
दुनिया के सबसे ऊँचे पहाड़ चढ़ने को सीढ़ियाँ बना लेतीं
इतने कपड़े सिये कि उन डोरों से
सारे महासागरों पर पुल बाँध लेतीं
फिर भी बच रहता
बलिष्ठ जहाज़ों पर टिकाऊ पाल सिल देने जितना धागा

तुम इतना सब बनाती रहीं
अपने लिए वह सड़क क्यों नहीं बनायी
जिस पर आधी रात बिना किसी पुरुष को साथ लिये
चल सकतीं
वह छोटी-सी सड़क
जो बेवक़्त तुम्हें यार दोस्तों के दरवाज़े पहुँचा सकती
जहाँ सारे पत्थर तुम्हारी नानी-दादियों के नाम के होते

स्त्रियो, तुमने इतनी प्रसव पीड़ा सही
कि सागर होतीं तो रत्नों के अम्बार लगा देतीं
तुमने उस पुरुष को जन्म क्यों न दिया
जो अपनी सन्तान को अपनी स्त्री का कुलनाम दे देता?

मनुष्य होने का अभ्यास

श्वास लेते हुए
ऑक्सीजन को हवा से कौन अलग करता है
तुम एक स्त्री का सम्मान बस इसलिए नहीं कर सकते
क्योंकि वह स्त्री है
उसके रुधिर मांस-मज्जा को भी याद करना
याद रखना कि वह एक मनुष्य है

स्मृति भले प्रेम का ककहरा हो
किन्तु प्रिय को याद करना सीखने से पहले
सीखना कि
सामने खड़ा यह गया बीता व्यक्ति भी
किसी का प्रिय है
किसी का बाप-बेटा-पति-प्रेमी यह
दुनिया में हमसे कमतर होने ही नहीं आया

बाज़ार तुम्हें अर्धसत्य के लिए
लड़ना सिखायेगा
पर तुम जेठ में छत पर
अज्ञात चिड़ियों के लिए दाना पानी रखते हुए
अपनी थाली में परोसी गयी चिड़िया के
एक असम्भव दड़बे में व्यतीत शोकमय जीवन

और असहाय मृत्यु को
अदेखा न करना

दुनिया की कोई किताब तुम्हें मनुष्य होना
नहीं सिखा सकती
किसी आधी रात
सिरहाने रखी अपनी बाँह में दौड़ते रक्त की
सनसनाहट सुनना
और याद रखना
इसे किसी ईश्वर ने नहीं
दो अनुल्लेखनीय विस्मरणीय मनुष्यों ने
भरा है तुम्हारी देह में

तुम मनुष्य के अतिरिक्त कुछ नहीं हो सकते हो।

लौटने का रास्ता

तुम्हारे जा चुकने में क्या सन्देह है
बस इतनी देर के लिए लौट आओ
कि उस मुस्कान का प्रत्युत्तर दे सकूँ
जिसे मेरा अभिमान चूक गया था

प्रेम में प्रेम से विशेष कुछ नहीं
यह मान सहज सिंगार भी न किया
कभी तुम्हारे आतिथ्य में
तब न समझे हो मेरा अधीर
पर तुम लौट आना
रोज़ मेज़-कुर्सियों पर लौटती धूल की तरह ही
लौट आना चाहे अप्रस्तुत्य पर नियत

प्रतीक्षा बहुत निष्फल हुई है प्रेमियों की
तुम अनामन्त्रित आ जाना
ऐसे कि मैं अलगनी से कपड़े उतारूँ
और तुम्हारा हाथ मेरे हाथ में आ जाये

प्रेम न करना चाहो तो लम्बी यात्रा के रूखे रुष्ट
सहयात्री से बैठे रहना चुपचाप मेरे पास
अनुग्रह की मियाद पूरी हो जाये तो
अचानक उतर जाना बीच के किसी स्टेशन पर

चाहो तो मुझे त्यागने से पहले
गौतम की तरह मेरी आँख लगने की प्रतीक्षा तक न करना

ईश्वर कितनी सावधानी से तो कर रहा है
मेरे पूर्व कर्मों का हिसाब
क्या रखूँ उससे करुणा की आस
उसकी सत्ता में किन्तु यदि तनिक हस्तक्षेप है तुम्हारा
तो एक विस्मृत पुण्यफल के पुष्प से
झरो मुझ पर क्षण भर को
और कभी न चूमे गये आत्मा के ललाट की
स्मृति में रह जाओ

मैं कहानी पूरी होने तक ठहरने की
अनुनय नहीं कर रही
प्रतीक्षा के इस बहुत लम्बे वाक्य को
एक अर्धविराम भर रोक जाओ

जिसके साथ वेदना की स्मृति नहीं
सुखद अप्रत्याशाओं से कौंधता भविष्य है
गर्भ में आरोपित होते उस नये शिशु की तरह
लौटना असम्भव है अब तुम्हारा
किन्तु जब भी कुरेदूँ जीने की राख
तुम ही चमकना अन्तिम चिंगारी की तरह

मिलन के छटपट अधूरे स्वप्न में भी यदि
न लौट सको किसी दिन
तो जीवन जिसकी ओर निरन्तर चलता है
उस मृत्यु की तरह
एक बार साथ ले जाने के लिए लौट आओ।

गाड़ी छूटने से बहुत पहले पहुँचना स्टेशन पर

हो सकता है दिन भर सामान बाँधते-बाँधते
कह न पायी हो वह किसी से मन की बात
लड़कियों के अभिमान उनकी अपेक्षाओं की तरह छोटे होते हैं
गाड़ी आ जाने की अफ़रा-तफ़री में
उन्हें देख पाना असम्भव है
हो सकता है वहाँ पहुँच कर ही तुम्हें पता चले कि
अभी शेष है उसे मना लेना
गाड़ी छूटने से बहुत देर पहले पहुँचना स्टेशन पर
हो सकता है फिर करनी ही न पड़े उसे वह यात्रा

आजकल रेलगाड़ियों का भी कुछ पता नहीं रहता
अचानक पकड़ती हैं बहुत गति
चलती गाड़ी में नायिका ही चढ़ पाती है
ओजस्वी नायक का हाथ थाम
बाक़ी लड़कियाँ तो कसी चप्पल को अँगूठे में चढ़ाते हुए
ठेल दी जाती हैं उन डिब्बों की ओर
जिनमें उनकी ही उम्र और क़द-काठी की
कोई भी लड़की बैठ सकती है

हो सकता है गाड़ी छूटने से ठीक पहले
उसमें आ जाये साहस तुमसे कह देने का वह बात
जिसे कहते हैं लोग प्यार

या फ़रमाइश कर दे वह तुमसे ही एक बोतल ठण्डे पानी की
और तुम्हें पता चले कि यह लड़की
जो अपनी खिड़की समेत दूर जा रही है जीवन से
अब जड़ी रहेगी हमेशा तुम्हारे चाह शहर की याद खिड़की में

छूटते अवसरों की ही नहीं
छूटते अवश हाथों की भी हूक रखना तुम मन में
आती प्रत्याशाओं में ही नहीं
जाती हताशाओं में भी बनाये रखना आस्था
कोई लड़की शहर छोड़ते हुए मिलने की अनुनय करे तो
गाड़ी छूटने से बहुत देर पहले पहुँच जाना स्टेशन पर।

विदा अपवित्र औपचारिकता है

खूँटा स्थायित्व नहीं बँधने की जगह है
खूँटे को ठौर मान लेने में कितना समय लगता है
कितना समय लगता है समझने में
कि पानी में पत्थर की परछाईं नहीं
पत्थर था
मैंने तुम्हारे बन्द दरवाज़े पर
एक अधूरी प्रेम कविता लिख छोड़ी थी उस दिन

तो अब हाथ खींच रही हूँ
उसे पूरा करने की जवाबदेही से

जेठ में बाघ प्यासे मर रहे हैं गीर वन में
सुदूर पश्चिम में एक चम्पा सूख रही है
तुम्हारी गाथा को मेरे होने का पूर्णविराम नहीं चाहिए था

विदा अपवित्र औपचारिकता है

कहाँ-कहाँ तर्पण किया मैंने तुम्हारा साथ
कहाँ-कहाँ छोड़ा स्मृति में थामा हुआ हाथ
कहाँ-कहाँ बैठ माथे से पोंछे तुम्हारे होंठ
किस-किस मोड़ से मुड़ आयी हूँ बिना पलटे

इतने सारे काम और एक शब्द 'विदा'
यह भी छोड़े जा रही हूँ नियन्त्रण रेखा पर अनकहा।

मेरी भी ट्रेन खुल गयी है

बनारस से दिल्ली आने-जाने वाली
किसी-किसी गाड़ी में बैठा हुआ
एक आदमी
फ़ोन करके बाक़ायदा बताता था कि
ट्रेन खुल गयी है
यह बात वह बड़े ही निष्ठापूर्वक
बताता था हर बार

मेरी बोली में ट्रेन
चल देती है
जिसका समाचार ऐन उसी वक़्त
किसी अपने को देना
वैसा ज़रूरी नहीं
जैसे ट्रेन खुलने पर देना होता है

ट्रेन खुलने में
जीवन की तमाम विपदाओं से
बगटुट भाग निकलने का जो भाव है
उसके लोहे के निरन्तर बढ़ते शोर में
जीवन की कारा से मुक्ति का जो उद्घोष है
वह ट्रेन के चल देने में कहाँ

उसने मुझसे बस इतना कहा कि
माँ के जीवित रहते वह ट्रेन खुलने की
सूचना उसे ही दे दिया करता था
अब दुनिया में ऐसा कोई
बाक़ी नहीं जिसमें यह
जिज्ञासा शेष हो

चीज़ें हमेशा कुछ ऐसी घटीं कि
मैं उस शहर में
हवाई जहाज़ से गयी और आयी
जहाँ जाने के लिए एक ट्रेन में
बैठना था मुझे
और किसी से कहना था
देखो मेरी भी ट्रेन खुल ही गयी आख़िर।

पाताल से प्रार्थना

सिरसा, पटियाला और करनाल में
बच्चियाँ कुओं में गिर पड़ी हैं
हालाँकि उन्हें जन्म लेने में कुछ घण्टे, दिन या महीने
शेष थे अभी

सबसे बड़ी की उम्र दो घण्टे बारह मिनट है
चूँकि दादी जन्म के दो घण्टे बाद पहुँच पायी थी अस्पताल
इस बीच पी चुकी थी वह दूध एक बार
गीली कर चुकी थी कथरी दो बार
लग चुकी थी माँ की छाती से कई-कई बार
अब कुएँ भर में सिर्फ वही पहने है
एकपाड़ घिसी चादर
जन्म ले चुकी थी मरते वक़्त
सो अब उसे ही है आवरण का अधिकार

सिरसा, पटियाला और करनाल में
बच्चियाँ कुओं से बाहर आकर
जन्म लेना चाह रही हैं
शेष इच्छाएँ गौण हैं
सबसे पहले उन्हें बाक़ायदा पैदा किया जाये, ससम्मान

उनकी नालें जुड़ी हैं अब भी नाभि से
वे उन्हें रस्सी बना कुएँ से बाहर आना चाह रही हैं
वे उन्हें आम की शाख पर डाल झूला पींगना चाह रही हैं
वे उन रस्सियों पर गिनती से कूदना चाह रही हैं

सिरसा, पटियाला और करनाल में
कुछ बच्चियों के फेफड़े नहीं बने अभी
हवा और रोशनी की प्रार्थना गा रही हैं समवेत
जबकि उन्हें पता है
आसमानों का ईश्वर पाताल के बाशिन्दों की नहीं सुनता
कुछ के पाँव नहीं बने अभी, कुछ की उँगलियाँ
कुओं से बाहर आ पंक्तिबद्ध
अस्पतालों में जाना चाहती हैं
आँखें अक्सर बन्द हैं सबकी
फिर भी देखना चाहती हैं सोनोग्राफ़ी मशीनें
ऑपरेशन थिएटर, फोरसेप्स और नश्तर
छूना चाहती हैं ग्लिसरीन के इंजेक्शन,
सीसा, गला घोंटने वाली उँगलियाँ
करना चाहती हैं ज़रा ताज्जुब
कितना लाव-लश्कर खड़ा किया है रे!
एक बस हमारी आमद रोकने के लिए
इस दुनिया ने।

(साल 2006 में कन्या भ्रूणहत्या ज़ोर-शोर से हिन्दुस्तान भर में ज़ारी थी, पंजाब के पटियाला तथा हरियाणा के सिरसा और करनाल में कुछ निजी अस्पताल दर्ज हुए जिनके पिछवाड़े सोद्देश्य खोदे गये कुओं में से सैकड़ों की तादाद में अजन्मे कन्याभ्रूण और नवजात बच्चियाँ बरामद हुईं)

कविता के असगुन

जैसे ही एक कम उम्र लड़की कविता पर निसार होना चाहती है
एक हम उम्र पुरुष प्रेमियों-सा संकोची बर्ताव शुरू करता है
मैं सिनेमा हॉल से अपनी चिरप्रतीक्षित फ़िल्म
आधी छोड़कर भाग जाने-सी
उद्विग्न हो जाती हूँ

डरती हूँ
ख़त्म हो जायेगी यदि लगातार देखी गयी
यह मनोरम फ़िल्म
प्रेम का प्रत्युत्तर न दे सकी तो
यह आदमी मनुहार की जगह धिक्कार भेजने लगेगा
कविता पर निसार होते-होते यह लड़की
मुझसे निराश हो जायेगी

उत्सव का पुष्प नहीं हूँ लोगो
जीवन ने अपने पाट पर पंछीट-पंछीट उजलाया है
वहीं वह नदी बहती थी सबकी
जो मेरे देखने भर से रेत हो जाती थी
अब, कुछ अच्छा आरम्भ होते ही
अपशगुनों के ताप से मेरे एकान्त का तालू चटकता है
बेचैन हो-होकर पूछती हूँ, एक बार और देख पढ़ लो
शायद ऐसे भा जाने वाला कुछ भी न हो मेरे पास

आदमी दो पाव बैंगन और भिण्डी भी
दो क्षण विचार कर खरीदता है
तुम्हें क्या हुआ है जो मुझसे साधारण मनुष्य
पर आत्मा खर्चे दे रहे हो

अपने कपट मैं ही जानती हूँ
अपनी साधारणता और शोक मुझसे बेहतर कौन समझेगा
कैसे स्वीकार करूँ मैं निर्लाज
दुनिया के वे गाढ़े आलिंगन
जो मुझे आधा जानकर पूरा प्रिय कहते हैं
नहीं है साहस
स्वयं को सबका प्रेम पात्र समझने का

वे कौन लोग होते हैं जो
अहेतुक स्नेहियों को कब के बिछुड़े सम्बन्धी-सा
लपक के गले लगा लेते हैं
और बाँध लेते हैं उन्हें
पीछे आँगन में पालतू हिरन-सा, निचिंत
वे कौन लोग होते हैं जिन्हें चाहे जाते हुए
लज्जा नहीं आती।

देह भव

बच्ची कह रही है वह ब्याह नहीं करेगी
मैं उससे कह रही हूँ
मुर्गियों का दड़बा खुला छोड़ने से वे आज़ाद
नहीं हो जातीं
उन्हें श्वान मार देते हैं

मैं चाहूँगी वह स्थूल न हो
न सँवलाये धूप में ज़रा
वह समझे कि लड़कियों का सुन्दर ना दिखना समाज विरोधी बात है
और यह ज़रा भी असंगत नहीं
कि स्त्री जो आजीवन देह के अभियोग से मुक्ति चाहती रही
अपनी सन्तान का सुन्दर होना चाह रही है

असुन्दर लड़कियाँ रसद नहीं होतीं
असुन्दर लड़कियाँ ईंधन नहीं होतीं
युद्ध में सन्धि प्रस्ताव और
शान्ति में मैत्री मनोरथ नहीं
क़ाबिल शिकार तो होती ही नहीं
लाज़मी होती हैं इस तरह
कि प्रणय निवेदन नहीं लिखे जा सकते उनके लिए
असुन्दर लड़कियाँ ऐसा कुछ नहीं बन पातीं जो
उन्हें सूँघ लिया, चख लिया, बिछा लिया जाये

यह कैसा स्वीकार्य है कि एक दिन मैं
उस बच्ची के मुख पर सफ़ेद पोत दूँ
बना दूँ लाल और काले से उसकी नयी आँखें भँवें होंठ

पर यह कितना संगीन होगा कि
वह अविश्वास से तके मेरा मुख
सोचे, क्यों दिमाग़ से काम लेना सिखाते-सिखाते
मैंने उसे देह बना डाला।

पीछे हटती हुई औरत

यह इस दुनिया के लिए
लज्जा की बात है
कि कोई कहे मुझे भूख कम लगती है
नींद की ज़रूरत अधिक नहीं
साज सिंगार रुचता नहीं
कपड़े काम लायक हैं ही
मान-सम्मान का क्या है, मिले, न मिले
यह इस दुनिया के लिए
शोक की बात है
कि हर दूसरी स्त्री यह कहे
मुझे इस दुनिया से कुछ नहीं चाहिए

क्योंकि कुछ चाहते ही
कैसा तुच्छ कर देते हो तुम उसे

जैसे सूनामी से ठीक पहले समुद्र हट जाता है अपने तट से बहुत पीछे
बाण को छोड़ने के लिए धनुष को खींचा जाता है प्रत्यंचा से पीछे
जैसे धावक आगे दौड़ने से पहले रखता है एक क़दम पीछे
वह हर मोर्चे पर खड़ी रहती है सामने की क़तार में
फिर हर दावे से एक क़दम पीछे हट जाती है

तुम गर्व से मुस्कुराते
उसकी वाहक ज़मीन पर पहला क़दम रखते हो
और अपने जायज़ से एक क़दम पीछे
हटती हुई औरत
तुम्हारी सभ्यता को हज़ार साल पीछे धकेल
देती है।

मुझ पर भरोसा मत करना

जैसे मोटे अनाज बस पेट भरते हैं
खुरदुरे सच भी जीना कुछ आसान नहीं करते
तो मैं अपने दुःख से झुलसे चेहरे को
गर्म मौसम की कारस्तानी बता देती हूँ
अचानक तुम याद आ जाओ तो कह देती हूँ
खाने में अधिक तीखा बर्दाश्त नहीं होता इन आँखों को

भरोसेमन्द कहा जाना
उघड़ी देह को ढँक लेने जैसी आदिम इच्छा है
फिर भी मैं कहती मिलूँगी
मुझ पर भरोसा मत करना

मैं एक महामारी से लड़ने के लिए
धरती के अलग-अलग कोनों में बैठे तीन दोस्तों से
एक ही तारीख़ पर मिलने का वायदा कर लेती हूँ
रास्ते सब बन्द हैं, जबकि अनन्त काल तक

जीने का हठ मिलने में नहीं, मिलने की उस बात में है

तावीज़ की तरह बँधी है जो हमारे निर्जन दिनों की बाँह पर

मैंने अपनी हर क़ैद इन्हीं दिवास्वप्नों की
पीठ से टिककर गुज़ारी है

तुमने मीर से कहना सीख लिया है
इश्क़ एक भारी पत्थर है
मुझे देखो कैसे उम्मीदों का बोझ
अब तक उठाये खड़ी हूँ
और उम्मीदें भी ग़ैर-मुस्तक़िल
कि एक दिन बस चूमना चाहती थी तुम्हारा माथा
एक ही प्यार है मेरे पास
उसे भी नश्वरताओं को जिलाये रखने में
ख़र्च कर रही हूँ

मैं उन्हीं औरतों में शुमार हूँ
जो हर जंग में उतरने से पहले
खुद से एक नींद का वायदा करती हैं
और उसी वायदे के सहारे
तमाम रात से बेरौशन दिन और
दिन सी बेआराम रातें काट लेती हैं

मैंने खुद से यह वायदा किया है
एक दिन तुम्हारा फ़ोन आयेगा
एक दिन तुम फिर कहोगे
कहाँ रहती हो फ़ोन लगता ही नहीं तुम्हारा
कभी फ़ोन लगता ही नहीं तुम्हारा।
मुझ पर भरोसा मत करना, मैं
ऐसे कई जीवन
सिर्फ़ तुम्हारी आवाज़ सुनने के लिए
अपना नम्बर नहीं बदलूँगी।

प्रेमिकाओं-सी लड़कियाँ

इमारत की रिसेप्शनिस्ट मुस्कुराती है
अनौपचारिक बेझिझक अपनत्व भरी मुस्कुराहट
मैं झेंपकर मुस्कुराते हुए अपना चेहरा झुका लेती हूँ
प्रेम का ओज मुझसे सहा नहीं जाता

अगले दिन वह सामने खड़े तमाम लोगों में मेरा चेहरा ढूँढ़कर मुस्कुराती है। उसके अगले दिन वह गुज़रती हुई कार में झाँककर दुलार से देखती है। मैं साफ़-साफ़ नेह पढ़ लेती हूँ उसके अचानक खिल आये चेहरे पर, सोचती हूँ कि क्या वह मास्क में छिपी मेरी छोटी-सी संकोची हँसी देख पा रही होगी?

इस संशय के बाद मैं उसे आँखों से उड़ती हुई मुस्कुराहट से तनिक छूती हूँ और तुरन्त दूर देखने लगती हूँ।

हिंसा झेली जाती है ईर्ष्या और उपेक्षाएँ झेली जाती हैं
कपट और कुटिलताएँ झेली जाती हैं
इन दिनों इतना प्यार सहा नहीं जाता
कि महानगर के अँधेरों से निकलकर
एक थकी हुई उदास लड़की हमें
प्रेमियों-सा बरतने लगे।

अमीर औरतें

युद्ध और दंगों में
कुछ माँएँ यह कहती पायी गयीं
आओ,
मुझे कुचल डालो
अगर यह क़ीमत
मेरी बेटी को
बख़्श देने के लिए काफ़ी है

युद्ध और दंगों में
कुछ माँएँ
अपने बेटों के सर क़लम होने से
बचाने के लिए
एक वहशी भीड़ के सामने
कपड़े उतारती देखी गयीं

युद्ध और दंगों में
कुछ पत्नियाँ
अपने पति की जान बख़्श देने के एवज़ में
दुश्मन कैम्पों में बरसों
वेश्याएँ बनकर रहीं

शान्ति के दिनों में
कुछ पत्नियाँ
पति से मार खाने के तुरन्त बाद
उसे मनाने के लिए
कपड़े उतारती सुनी गयीं

प्रेम के दिनों में
प्रेमिकाएँ सोचती रहीं
कि प्रेमी सदा साथ रहे
इसकी क्या क़ीमत चुकाई
जा सकती है?

अरक्षणीय

मैं वह रेखा
जो तुम्हारी ज्यामिति से बाहर निकल गयी है
तुम्हारी खगोल विद्या से बाहर का तारा हूँ
मैंने कमरे के भीतर आना चाहा था बस
तुम्हारी शाला की विद्यार्थी नहीं मैं

कैसे अटूँ तुम्हारे प्रमेय के किसी स्टेप में
जबकि मेरा भी एक हिसाब है
जो पराजयवश नहीं हल किया मैंने
यही दो और दो को पाँच कहने से मना करता है
गणित मेरा प्रिय विषय कभी नहीं रहा
मैं अपनी गढ़न में पृथ्वी की मूल निवासी
लगातार भी सिखाया जाये
कि क्या कहना कितना छिपा लेना है
सीख नहीं पाऊँगी
झूठ लिखते वक़्त भी
सच बोल सकने का साहस होना चाहिए

मिट्टी को उग कर, पानी को डूब कर देखना
अर्वाचीन है
कुछ ऊबड़-खाबड़ लोग ही
दुनिया को रहने लायक समतल बना रहे हैं.

कविता का स्टीरियोटाइप तय करने की
तुम्हारी क़वायद बेकार गयी
मेरा बसन्त तो एक उजाड़ की बाँहों में खिलता है

डरती हूँ उस आदमी से जो कहेगा
जाओ, एक औरत से क्या लड़ूँ
जान जाती हूँ, अब वह मुझसे पुरुष की तरह लड़ेगा

आख़िरश, तुम्हारे गिलास की तली में बच रहा नशा नहीं
विक्टोरिया प्रपात से छिटक गयी बूँद हूँ
उग रही हूँ हरे रंग में जाम्बिया के जंगल में
नहीं डर रही पानी की विराट सत्ता से।

बिछोड़ा

डर को मैंने
रेलिंग बना लिया है
पकड़कर खड़ी रहती हूँ बालकनी में आधी रात
फिर ईज़ाद करती हूँ वही तारा
जिसे देखते थे हम दोनों एक आँख
या बस मैं ही देखती थी
रख कर तुम्हें निगाह में

बिछड़ना
इतना भी बुरा नहीं था
जन्म ले लिया है मैंने
फिर इसी देह में
चलना बोलना सोचना सीख लिया है
सीख लिया है घर से क़ाबे का रास्ता

लोग जो बेदखल किये जाते हैं ज़मीनों से
क्या वे जानते हैं
नाते से बेदख़ल हुए लोगों का दुःख

पीड़ा की आवृत्ति संज्ञाशून्य हो जाना है
वही शब्द, वही स्मित, वही हाव-भाव
जो मैंने प्रेम के लिए

रख छोड़े थे उठाकर
बरतती हूँ व्यवहार में
वही लाल छींट जो बैंड स्टैंड की गुनगुनी हवा में उड़ते हुए
पहना था
पहनती हूँ राशन लाते समय

बसन्त में पतझड़ भी शुरू होता है
आशय अलग है
एक फुनगी पर दिखता है/दूसरा
कुचले पत्ते में
मौसम विदा कहते हुए जो हिलाता है हाथ
वही अभिवादन है
आते हुए दूसरे मौसम का
तुम्हारा मन्तव्य है तो उसे स्वागत मान लो

रात रसोई में पानी देखती हूँ एक पत्थर पर
सो जाती हूँ
सुबह तक उसके सूख जाने की ख़्वाहिश लिए
एक हद के बाद पत्थर में पानी नहीं समाता
एक हद के बाद सब कुछ रहता है सतह पर

भीतर एक पिछला पानी
आवाज़ देता
छूता है हाथ बढ़ाकर
यूँ कहता है पिछला दुःख 'विदा'
गालों पर बादल हो जाती
नमी से।

कितनी पुरुष हो जाना चाहती हूँ

माँ ने एक साँझ कहा
सम्भव हुआ
तो अगले जनम में भी इन्सान बनूँगी

इस पूरे वाक्य में मेरे लिए
बस एक राहत थी कि माँ
इन्सान होने का कोई बेहतर अर्थ भी जानती थी

यह उस बुनियादी इच्छा के ख़ारिज होने की शुरुआत थी
फिर भी औरतें पूछती ही रहीं
हाय राम, बच्चा एक भी नहीं
और वह अविनय और अविश्वास से
शिशुओं का लार और काजल पोंछ लेती रही
अपने गाल से

माँ की स्त्री में कई परतें हो गयी थीं
सबसे ऊपर वाली क्लान्त और उदास
इच्छाओं की ज़मीन पर खोदती रहती जुगाड़ के कुएँ
चिन्ता से चूम भी लेती रही बेटियों को यदा-कदा
जबकि बीच में दबी स्त्री मान चुकी थी कि
कोई बच्चा नहीं जना उसने अब तक

हर बार अपनी प्रसव पीड़ा को बन्ध्या मान
चाहती रही वंश कीर्ति

सबसे भीतर वाली स्त्री को फूल पसन्द थे
ताँत पान और किताबें भी
यह उसके मनुष्य होने की कामना का विस्तार था
और इतने गहरे दबा था कि बंजर हो चला था
आजन्म माँ की दायीं आँख से एक निपूती औरत
और बायीं आँख से एक इन्सान झाँकते रहे

तो सुनो दुनिया बस इतनी पुरुष हो जाना चाहती हूँ
कि तुम्हारे हलक में ऊँगलियाँ डालकर
अपनी माँ के इन्सान बनने की अधूरी लालसा खींच निकालूँ।

उसे व्यर्थ होते देख रही थी

उसने बताया कि अक्सर मेरी कविता
फलाँ पत्रिका में पढ़ता रहता है
मैं हँसी बाआवाज़
यूँ कि आँख में पानी आ गया
कितना अच्छा है कवि होना
कितना सुन्दर, स्त्री होना

वह ख़ुश हुआ
उसे मेरे मन के चोर दरवाज़े की
आसान चाबी
मिल गयी थी
मैं जो हँस देती हूँ अपनी कविताएँ
पढ़े भर से
कल्पना में देख रही थी उसे
अपनी कविता उस पत्रिका में
पढ़ते हुए
जिसमें वह छपी नहीं थी

मैं उसे ख़ामख़्वाह होते देख रही थी
मोम होते देख रही थी
पिघलते देख रही थी
फिर जमते और पत्थर होते देख रही थी
मैं उसे व्यर्थ होते देख रही थी
और हँस रही थी....।

फिर भी यह कैसे हो

मैं प्रेम के लिए भूतकाल लिखूँ
बाँह पर तुम्हारी दृढ़ पकड़ स्मृति हो जाये
माथे का वह चुम्बन जो देखा नहीं
बस एक स्पर्श भर होंठ थे जिसमें
वह भी वियोग की नदी में
धुल-धुल-कर धुँधला जाये

फिर भी यह कैसे हो

कि तुम उठकर चले जाओ
तो मैं अपना घर तहस-नहस कर दूँ
यह कैसे हो कि तुम प्रेम में न रहो
तो मैं चाहे जाने का हुनर भूल जाऊँ

पूरब की ओर मेरा बायाँ कपोल हो
दहके आती हुई किरण के स्पर्श से
आरक्त हो उठे
पश्चिम मेरे अधबुझे सपने की पलक से
छू साँवला हो जाये

तुम यदि भूल भी जाओ
कि यह सब तुम्हारे काम हुआ करते थे
यह कैसे हो
कि एक तुम्हारे नज़र फेरते ही
दिशाएँ भी भूलने लगीं
कि कोई प्यार में बहुत सुन्दर दिखता है

मैंने सोचा था कि
सच नहीं हो सकता
इतना सुख
तुमसे कहा भी था डरती हूँ इतने प्रेम से

फिर भी यदि भूल जाओ मेरा सुख
इसे खो देने का मेरा डर
मैं क्यों भूलूँ कि उस बहुत सुख को
बाँध लिया है मैंने अपने ही थान
और बहुत प्रेम भी अब डराता नहीं मुझे।

पाँच छोटी कविताएँ

सिक्का किताब में
दबा रह जाये
तो दोनों पन्नों पर
अलग चित्र छपते हैं
मुझे कहानी में बिछड़ना याद है
उसे शायद याद हो प्रेम

***

मैं जड़ से उखड़ी
उसका तना था सूखा
हम मिले
फूल-पत्ती शाखाओं में खिलने के लिए नहीं
एक साथ
मिट्टी हो जाने के लिए

***

एहतिहातन मूँदती हूँ कविता का हर सिरा
एक कोना खुला छोड़ देती हूँ
उसके दाख़िल होने के लिए

***

पलाश फूटते हैं तो जंगल नहा जाता है
पिछले दावानल की स्मृति में
जंगल जानता है
खिलना रवायत है मौसम की
लाल रंग सलीक़ा है खिलने का
याद का क्या है
आग है लगेगी बुझ जायेगी

***

यह क्या कुछ आसान बात थी
किसी से प्रेम करना
और उसका तुम्हारे प्रेम के
क़ाबिल हो आना।

माँ का असलहा

पिता पचहत्तर के हैं
एक साल हुआ फ़ालिज़ हुए
उनके दोबारा चल सकने की उम्मीद
सबसे कम उस डॉक्टर को है
जो हिलाता है सर
बार-बार देखकर स्कैन

उनके दोबारा चल सकने की उम्मीद
सबसे अधिक माँ को है
और उन नीली चप्पलों को
जिन्हें झाड़-पोंछ कर रखती है
वह रोज़ उनके पलंग के नीचे

छोटे थे हम
माँ धमकाती थी
पिता की बड़ी-सी चप्पल दिखाकर

पिता पचहत्तर के हैं
एक साल हुआ फ़ालिज़ हुए
माँ के पास पिता के फ़ालिज़ से
लड़ने का एक ही असलहा है
उनकी नीली चप्पलें

गुड्डो, फिर चलाना साइकिल

पिता ने तीन फुट ऊँची लड़की को चलाने दी
चौबीस इंची पुरुषोचित साइकिल
लड़की की हर इच्छा उचित थी उनके लिए
जैसे उचित होती है विदा के बाद एक बार मुड़कर देखने की इच्छा

कुछ देर सहारा दिये रहे फिर धीरे से हटा लिया हाथ
ज़मी रही दृष्टि काँपता रहा हृदय
तेज़ी से कैंची पैडल मारती नन्ही को
दृष्टि से ओझल होते देख
पेड़ से गिरते चूज़े को देखती गौरैया-सा
फड़फड़ा रहा था उनका कलेजा
कि ख़याल आया
साइकिल से उतरना तो सिखाया नहीं
ख़याल आया कि चलना सिखाया है अड़ना नहीं
बोलना सिखाया है चुप्पियाँ पढ़ना नहीं
लिहाज़ करना सब सिखायेंगे
मैंने न सिखाया तो सिर उठाकर बात करना कौन सिखायेगा

पिता बारहा लड़की के बड़े होकर विदा होने का स्वप्न देखकर
नींद में सुबकते रहे
और लड़की साढ़े सात साल की उम्र में
एक घिसी बादामी फ्रॉक और उनकी हवाई चप्पलें
पहने ही निकल गयी

पिता जो अपनी साइकिल शहर नौकरी
और ख़बरों से अधिक
घर और दुनिया का भान न रखते थे
अब जबकि लड़की
बस उनकी ही जानकारी में बाहर निकली थी
वे घरों में सबके पीछे छूटी माँओं
की व्याकुलता समझ पा रहे थे

चिन्ताएँ बहुत थीं जैसे
यह सींकिया लड़की
अपनी गिरने के निशानों से भरी दुबली टाँगों से
साइकिल चलाती पृथ्वी के उस पार
न निकल जाये
या अरब सागर में फिसल गिरने से पहले
कितनी ही चीज़ों से न टकराये
यह जो खेलते-खेलते पस्त हो शाम से भूखी सो रहती है
नींद में लगाया जाता है, जिसके मुँह से दूध का गिलास
भूख लगने पर किन शब्दों में माँगेगी खाना किसी अजनबी से
बहुत छोटी है मासिक तो न हुआ होगा अभी
होगा तो कौन सिखायेगा देह और दुनिया से जूझना
इसका तो दूध के दाँत रखने वाला चूहे का बिल भी घर में रह गया है

पिता रोज़ रात लड़की को जीतने की कहानियाँ सुनाते
बस हार या जीत के बाद घर कैसे लौटना है
यह तरकीब बतानी रह गयी थी
अब एक टुटही साइकिल की कमर से लटकी लड़की
अभिमन्यु की तरह व्यूह के भीतर-और-भीतर
चली जा रही थी
लौटना हर सूरत असम्भव था

दौड़े पिता भर ताक़त
जैसे विपत्ति में दौड़ता है शिराओं का कुल रक्त
हृदय की ओर
झंझा में नाव से पहले पाल उड़ता है तट की ओर
मुँह बाये देखते थे राहगीर
अचरज में थे पड़ोसी
उत्सुक थे मटियाले दगरे और धूसर आसमान
किन्नर, असुर, देवी-देवता भौंचक
कि थाम लिया पिता ने साइकिल को,
रुको गुड्डो
फिर चलाना
पहले उतरना सीख लो।

प्रेम में ईश्वर

उसने कहा मैंने उसे बहुत दु:ख दिया है
मैं हतप्रभ रह गयी
फिर खुला कि उसे मुझसे प्रेम हो गया है
प्रेम ही है जो निरायास नष्ट कर सकता है,
ईश्वर को भी

ईश्वर पुरुष है
प्रेम में गड़बड़ा जाने की आदत है
फूल अर्पण करते ही पत्थर हो गया
मैंने आसान करना चाहा
यदि प्रेम है तो कह डालो हे ईश्वर,
अच्छा लगेगा
लेकिन वह खीझा उसे भूख लगी थी और
मुझे प्रेम की पड़ी थी

ईश्वर! क्या हम दो वयस्कों की तरह
आमने-सामने बैठकर बात कर सकते हैं
बेज़ा गरजने-बरसने से क्या होगा

कहो, तुमने पैर में अँगूठा
और अँगूठे पर नाख़ून क्यों लगाया
तुमने ठोकर का पत्थर एन घर के सामने
और मरहम की दुकान इतनी दूर क्यों रखी
पीड़ा का ऐसा कुप्रबन्धन कौन सिखाता है तुम्हें

उसने कहा शुकराना करो दु:ख दिये तुम्हें कि लिखती हो
ईश्वर, मेरी रीढ़ का एक गोलक कहीं गिर गया है
और नहीं झुक पाऊँगी।

हाँ, प्रसन्न हो सको तो सवा रुपये का प्रसाद चढ़ा सकती हूँ

यूँ अब सवा रुपये में कुछ नहीं आता परमेश्वर
अब तो सवा रुपये भी नहीं आते।

(यह क्या किया ईश्वर? पूरे उपमहाद्वीप को रिश्वतख़ोर बना दिया)

रसोई

रसोई में अलमारियों के पल्ले
ठीक मेरे सिर की ऊँचाई पर लगे हैं
कोई बेध्यानी में खुला छोड़ दे
तो उनका तीखा कोना
बेध देता है मेरे ज़हन को

मुझे याद नहीं किस रोज़ मैंने खोल दिये थे
अपने दिल के दरवाज़े तुम्हारे लिए
अब, मेरी आत्मा तार-तार हो जाती है
जब तुम बेध्यानी में खुला छोड़ जाते हो इन्हें

हमारी रसोई की अलमारियों में
यह ऊपर वाला खन
किसने बनाया होगा
किसने सोचा होगा कि दाल और चीनी भी
इतनी ऊँचाई पर रखे जा सकती हैं
किसने तय किया होगा कि वे मामूली चीज़ें भी
हमारी पहुँच से बाहर रखी जायें
जिन्हें पाकर ज़रूरतों
और विलासिताओं के फ़र्क़ से
लगातार चलने वाली हमारी लड़ाई
ज़रा छोटी हो जाती है

दुनिया ने सबसे अधिक हथियार औरत को दिये
बस इस्तेमाल के तरीक़े अपने हक़ में कर लिये
हम अलग-अलग चाकुओं से
गोश्त, मिर्ची, टमाटर, कटहल और आलू
काटती रहीं
हम अलग-अलग बहानों से ज़िबह होती रहीं
रसोईघरों प्रायद्वीपों महाद्वीपों में

अपनी लड़ाई में कब थी ज़रूरत
हमें तुम्हारी धार और लोहे की
दाँतों से ही काट लेती थीं
हम उधड़े कपड़ों और ज़ख्मों के धागे
ग़ुलाबी नाख़ूनों से छील लेती थीं
भभकते गर्म आलू
खींच लेती थीं अपनी आत्मा के
चाक तलवों से सख़्तजान काँटे

फिर भी तमाम असलहे
हमारी ही आग के ऐन नीचे
रसोई की दराज़ों में सहजाये गये
फिर भी हमारी आग जला पायी बस लोगों की भूख
वासना और थर्ड डिग्री तक अपनी देह
फिर भी हमारे चाकू काट पाये बस गोश्त सब्जियाँ
और कभी-कभी अपनी बाईं कलाई की एक नस, मसलेहतन।

रसोई से लिखने की मेज़
साढ़े छह योजन दूर है
जाते हुए नहीं लगता
एक भी क्षण
मेज़ तक लौटने में
उम्र बीत जाती है।

वही, जो नहीं है कहीं

साहस करो कि स्वीकार सको
मौन को
उसके मतभेद के साथ
यह विरोध है तुम्हारी अधिक भाषा का
स्फीति की सविनय अवज्ञा
क्योंकि अश्लील बात है
हर नैसर्गिक भूख को
शब्दों में कह देना

जो मन मार कर उठ जाता है
उत्सव से
वह जाता नहीं कहीं
बना रहता है परछाइयों और अन्तरालों में
प्रियतम की अनुपस्थिति
से बड़ा कोलाहल नहीं दूसरा

जो नहीं है
वही डेरा डाले है चप्पे-चप्पे में

अब इस पूरी दुनिया में
बस एक आदमी फेरे है पीठ मेरी ओर
इसका अनुवाद मैं
असह्य प्रेम की अभिव्यक्ति में करना चाहूँगी

एक क्षणांश को वह मुड़ता
देखता है मेरी सीध में
उसी क्षण उसकी आत्मा
दण्डवत होती है प्रेम की अडिग सत्ता के सम्मुख
हमारे बीच सात समुद्र हैं
सात महाद्वीप
असंख्य ज्वालामुखी
मेरे ध्रुवान्त का नाम ऊहापोह
उसका उलाहना

यूँ ही कट जाता है एक जीवन
पीठ फेरने और पलट देखने के बीच। 2018

देखने का ढब

मिट्टी नाम की एक लड़की
बहुत कुचली गयी तो
धूल बन गयी
फिर आकाश-तो-आकाश
उसने गोधूलि का सूर्य भी ढँक लिया

नीचे खड़े लोगों को नाग़वार गुज़री यह बात
जूतों को ढँक ले
अधिक-से-अधिक घर दुकान को
मिट्टी आकाश तक उड़ान भरे, क्या अनर्थ है!
सूरज ने कहा
निष्प्रभ नहीं होता मैं इसके परस से
पारस है यह लड़की
जिसे छू ले कुन्दन कर देती है

देखने का ढंग बदलो लोगो
तुम कहाँ से देख रहे हो
यह तय करेगा कि क्या देखोगे

प्रेम को समझना हो तो उसे प्रेमी की ढंग देखना

जैसे रात तुम तक नींद की तरह आती है
या बेचैनी की तरह
इतनी-सी बात
तय कर देगी कि तुम
प्रेम में हो या नहीं

जैसे रोटी बनाती औरत के चेहरे पर
पड़ती आँच की छाया बता देगी कि वह उसे
दण्ड की तरह बेल रही है
भूख की तरह
या प्रेम की तरह

पूछना मत चुपचाप देखना
कि लिखते हुए एक लड़की
अपनी कलम को
कमल नाल की तरह पकड़ती है या तलवार की तरह
जीवन बख़्तरबन्द पहने मिले
तो लड़कियाँ शब्दों की धार को
सान पर रख लेती हैं।

दुनिया, क्यों चाहिए गुलमोहर

लकड़ी के लिए शीशम काफ़ी था
रंग के लिए आग
पत्ते बहुत तो थे खिड़की के पर्दों पर
दुनिया, क्यों चाहिए तुम्हें गुलमोहर

वार्निश लकड़ी के साथ
पेड़ को भी छिपा लेती है
लोग अपनी अन्तिम यात्रा तक
ताबूतों में लगी लकड़ी नहीं पहचानते
काफ़ी हैं तुम्हारी मेज़ों के लिए शीशम, चीड़, सागौन
तो क्यों चाहिए तुम्हें गुलमोहर

उजबक-सी जो लड़की
करने चली दुनिया भर के काम
पहचाना नहीं तुमने उसका लोहा और आग
रख दिया औरत नाम
तुम जो विलक्षणता की क़द्र नहीं करती
एक गोल रोटी सिखाकर पालतू बना लेती हो
और
यह पेड़ जो अप्रैल में आग लगा देता है आसमान के सीने में
यह पेड़ जो मीलों दूर से दिप्-दिप् जलता है दावानल-सा

यह पेड़ जो बग़ावत है हरे की एकरसता के ख़िलाफ़
कहो दुनिया, यह पेड़ भी बस इसलिए तो नहीं चाहिए कि
इसे कुर्सी बना दो और
बैठ जाओ इसके ग़रूर पर अपनी भारी मग़रूर
पुश्त रखकर।

पत्थर दिनों के अपराध

कौन धिक्कारेगा थमाकर
उन ज़रूरी कामों की फ़ेहरिस्त
जिन्हें पूरा करने के लिए यहाँ भेजा गया था मुझे
और मैं असम्भव फन्तासियों की बाँह आँखों
पर धरे, दोपहर भर अलसाती रही

जाने किस मिट्टी से गढ़ी गयी थी
खिलखिलाने की जगह मुस्कुराने से
बोलने की जगह चुप्पी से काम न ले सकी
स्त्री बनने के लिए कहा गया था
पूरी मनुष्य बन गयी

प्रेम में तो वस्तु से अधिक क्या थी एक स्त्री
अदावत में भी उसके मौन को सहमति
मान लेते थे
मैं भर ताक़त 'न' बोलकर असहमत हुई
और ऐसे पत्थर दिनों में धड़कते दिल
रगों में दौड़ते तमाम ख़ून के साथ प्यार भी कर लिया

अपराध कम या प्रच्छन्न नहीं हैं मेरे
किन्तु इधर, मैं अपनी साधारण इच्छाओं का दुनिया की
अबूझ भाषाओं में अनुवाद करते थक रही हूँ

थक रही हूँ बैठी दुनिया की देहरी पर
कि दे अपना कठिनतम दण्ड
और लगा दे इस यातना पर पूर्णविराम
जो बारम्बार अपने निर्णयों पर
लज्जित करके दी जाती है मुझे

मुझे जल्द-से-जल्द पहुँचा दो वहाँ
जहाँ गुस्ताख़ औरतों के साज सिंगार
उतार लिये जाते हैं
बस, अन्तिम अन्धकार से पहले
खोल देना मेरी आँखों पर बँधी यह काली पट्टी
चढ़ जाने देना बारह नम्बर बस पर फिर बिना आज्ञा
कि बस एक बार और मैं तय करना चाहती हूँ
वह शहर
जहाँ सफ़र में रुकना है मुझे।

फ़ोटोग्राफ़र

1.

याद रखना कि चित्र में उपस्थित लोगों से
अधिक प्रेम
कैमरे के पीछे खड़ा व्यक्ति करता है
तुमने प्यार में चाहा होगा कि
समय रुक जाये
वह कारोबार में भी यही चाहता है

उसे ही अधिक सालता है
एक सुन्दर दृश्य के व्यतीत होने का खेद
वही रोक लेना चाहता है
दुनिया की बीतती आयु को
किसी अधेड़ अभिनेता की तरह

वही है जिसमें अहम् नहीं अपनी उपस्थिति का
सहलाता हुआ महानताओं को सुझाता है
उन्हें और महान दिखने की भंगिमाएँ

वही एक बहुत छोटे व्यक्ति से भी कह सकता है
सौभाग्यवश
आपकी कुछ तस्वीरें मेरे पास हैं
अभी भेजता हूँ।

2.

ईश्वर कैमरा के पीछे से निर्देश देता है
'मुस्कुराओ'
फिर हठ पर उतर आता है
मुँह लटकाये क्यों खड़े हो, हँस भी दो ज़रा!
तुम चमका देते हो बत्तीसी
पीठ पर टीसती रहती हैं खराशें

वह तो हमेशा से उँगलियाँ फिराता था
तुम्हारी भूखी अँतड़ियों पर
और तुम गुदगुदी से बेहाल हो जाते थे
उसने मदद के बजाय
यह मुहावरा दिया कि
ईश्वर जो करता है अच्छे के लिए करता है

ईश्वर एक फ़ोटोग्राफ़र-सा चुस्त प्रोफेशनल
दक्ष कारोबारी
तुम्हारे सुख दुःख से असम्प्रक्त
उसे बस एक अदद मुस्कुराती फ़ोटो चाहिए तुम्हारी।

रद्द

किसी रेलवे सारिणी में एक खाली सीट ढूँढ़ते हुए
किसी हवाई अड्डे से उसके शहर का जहाज़ लेते हुए
किसी मेट्रो में चलते हुए
किसी स्टेशन पर उतर कर ऑटो लेते हुए
उससे मिलने का ख़्वाब
लो, हमेशा के लिए छोड़ दिया
आँधी में सूखे कपास-सा
उससे अब कभी न मिल सकने का दुःख
उससे बार-बार मिलने के ख़्वाबों को
मंसूख करने के दुःख से
बड़ा नहीं।

क़ुर्ब

एक आदमी बन्दूक उठाता है
अपनी रक्षा में रह रही स्त्री को
भून देता है
एक औरत पहनाती है पुष्पहार
करते हुए चरणवन्दन, अपनी देह में लगा
बटन दबा देती है
परखच्चे उड़ जाते हैं जीवन के
शेष रह जाता है सफ़ेद लोट्टो जूता

तुम मेरे पास हो इतने
कि मैं हवाओं की सहज गन्ध भूल गयी हूँ
इतने कि मेरे होंठ काँपते हैं
तुम्हारी दृष्टि की हलचल से भी
इतने कि हमारे मध्य
अब स्पर्श का स्वप्न भी शेष नहीं
इतने कि
नहीं देख पा रही
तुम्हारा हाथ बन्दूक के घोड़े पर है
या धमाके के बटन पर।

गुम चोट

मरहम ने कहा
ख़ून से नहीं, गुम चोट से डरना
फिर मरहम ने
गुम चोट की

प्रेम ने कहा विरह से नहीं
अपमान से डरना
और विरह
अघोषित अपमान था
प्रेम का

वह आदमी जिसे कहना चाहिए था
मोह और विराग साफ़-साफ़
चुप रहा
मौन, जो सहमति हो सकता था प्रेम में
छल में हिंसा हो गया।

नीम-कश

गोली जो फँस गयी
पसलियों के बीच
देर तक सुलगती रही
बुझने के बाद भी
जलाती रही
छिपकर

खींचकर खोले गये बाल
रक्त स्नात होकर ही बँधे वेणी में
कोई प्रतिशोध न ले
तो सोचना चाहिए
उसने अपना काम किसे सौंप दिया है

दाबकर घोंट दी गयी चीख
गूँजती रही अट्टालिकाओं से भग्नावशेषों तक
लौटती रही दुनिया में
बनकर
भूकम्प और अनिद्रा

सुन लेनी चाहिए बात पूरी
अधूरी बातें हो जाती हैं कुन्द
भोथरे हथियार से नहीं

वार शत्रु पर ही हो
आर-पार होना चाहिए
अधखुबा तीर आत्मा में अटक जाता है

नहीं बँधाना चाहिए
रुँआसे आदमी को ढाँढस
देर से रुका पानी
धरती का कलेजा चीर कर बाहर आता है।

पानी शऊर है

रेशम जानता है लिपटना
एक-सी ही अनन्तरता में
पहले ककून से
फिर देह से
रेशम
मृत्यु और उत्सव
हर रंग में है समभाव
रेशम कपड़ों में बुद्ध है

पानी जानता है
बाहर बह जाना
और बचे रहना भीतर भी
शिराओं में आँख में चट्टान में
पानी शऊर है हाथ छोड़कर
मन में बने रहने का

मृत्यु जानती है
झाँकना
जीवन के बीचो बीच
पढ़ते हुए अपने न होने की
आश्वस्ति हमारे चेहरों पर
बाँधती रहती है लगातार असबाब
आ धमकने को
अचानक एक दिन।

प्रेम के बिना किन्तु

यह प्रेम नहीं
इसमें पूरा पाने की निर्लज्जता नहीं है
पर वही है
क्योंकि मैत्री सा अस्वामी नहीं
हम दीवार पर बैठ पैर हिलाते दो बच्चों की तरह
मिले
जिन्हें चलते रहने के बावजूद कहीं पहुँचना न था
मेरा यह संसार इतना विशाल
और इतना रिक्त
बाज़ार रिस आया है उन सब खाली जगहों में
जहाँ प्यार को रहना था
तुम क्या जीवन के
एक उपेक्षित कमरे में फूलदार चादर जितनी जगह
घेरने में भी संकोच करोगे

मैं पाप पुण्य की बात न करूँगी
मध्याह्न हो चुका है
कुछ समय बाद धूप उतरेगी
जीवन और
दुनिया भर की छतों पर सूखते कपड़ों
और बड़ी पापड़ों से ही नहीं
मनुष्यता भर के कलुष को भी
एक शाम से ढँकती हुई

मैं पाप पुण्य की बात ही न करूँगी
क्योंकि नहीं जानती
तुम से दूर
यह विकल रुलाई लेकर
किसके कन्धे माथा टिकाना है

प्रेम में तुम्हारे वक्ष पर माथा टिकाते
दूसरी बार भी नहीं सोचा था
प्रेम के बिना किन्तु
अपने कमरे से बाहर आते भी
धूप में निर्वस्त्र खड़े होने जैसी लाज
आती है।

असम्भव चित्र
(एक ही फ्रेम में)

मैंने मिट्टी पर बैठी
मिट्टी के रंग की गिलहरी
और पत्ती पर बैठे
पत्ती के रंग के गिरगिट की असम्भव फोटो खींची
मैंने उस बोर्ड के पीछे
छिपकर प्यार करते जोड़े की फोटो खींची
जिस पर न चूमने
की चेतावनी लिखी थी
मैंने उस आदमी की फ़ोटो
उसके सामने खड़े होकर खींची
जो मुझे आँखों से
सिर से पाँव तक निगलता
अपनी तरेट खुजला रहा था

यह बेंगलुरु महानगर का कबन पार्क था

चार लड़कियाँ सलवार-कुर्ते के ऊपर
अभेद्य बुर्क़ा और नक़ाब ओढ़े गुज़र रही थीं
उनके
लम्बे या छोटे
काले या भूरे बालों को

गुनाहे अज़ीम की तरह
छिपा दिया गया था

सामने से आती चार लड़कियाँ
चुस्त कमीज़ें
और छोटे शॉर्ट्स पहने
किसी बात पर बेतहाशा ठहाके लगा रही थीं

वे आठों लड़कियाँ जब अग़ल-बग़ल से गुज़रीं
तो दुनिया ने पलकें झपका दीं
और
मेरी फ़ोटो काली हो गयी

दुनिया हर लड़की को
आज़ादी की अलग परिभाषा समझाती है
असम्भव है उसके इतने बड़े झाँसे को
एक छोटे से कैमरे में क़ैद करना।

स्थगित

यह भी नहीं कि पास लोग नहीं थे बोलने के लिए
लोग तो ऐसे थे कि
मारते-मारते बेदम कर देती शब्दों के चाबुक से
शब्द ऐसे थे जैसे छूट चुके तीर
फिर भी व्यस्त रही
घोंसले की तीलियाँ सहेजने में

यह भी नहीं कि
घोंसला ही सब कुछ था मेरा
कितनी ही बार आँधी, तूफ़ान और बारिश में
हाथ खड़े कर दिये इसने
कितनी भूखी निगाहों ने
इसकी दीवारें भेद टटोला अन्तरात्मा तक

यह भी नहीं कि प्रेम में थी इतनी
कि मनोहरता ने सिल दिये थे मेरे होंठ
कब से जानती थी
कि खाली पेट की हथेली पर रखा दस रुपये का नोट
दुनिया की महानतम प्रेमकथा को अश्लील कह देता है
यह भी नहीं कि मौन वह सब कर रहा था मेरे लिए
जो औरों के लिए शब्द कर रहे थे

कितनी बार काटे होंठ
जीभ की तर अपनी ही लार से
पर्यायवाची ढूँढ़े
विलोमों से तटस्थ किया अर्थ को
इतना सोचा बोलने से पहले
कि बोलना स्थगित कर दिया हर बार।

लॉकडाउन '20

सड़कें खाली नहीं
घर में बैठे लोगों के
चलने की लालसाओं से भरी हैं

अदृश्य हैं वे चप्पलें जूते और निरावृत्त पाँव
अनुपस्थित नहीं
जो लगातार चल रहे हैं
अपने प्रिय गन्तव्यों की दिशा में

आँख बन्द करते ही दिखती है
जोगेश्वरी पुल से
सीढ़ी उतरते आसमानी दुपट्टे की
बीत चुकी लहर
और उस दुपट्टे से गाफ़िल
तुम्हें लगातार सोचती
सीढ़ियाँ चढ़ती उतरती एक चटख लड़की
शहर के ईंट लोहा नमक
हमें सड़क छाप प्रेमियों की तरह याद कर रहे हैं

कूचे-कूचे पर
तुम्हारे कभी न होने की याद में
अब मेरे भी न होने का रंग

घुल गया है
किसी एक जगह से
हम दोनों का एक साथ
अनुपस्थित होना भी
हमारा मिलन कहा जायेगा न

अब यह देखूँगी
तुम्हारे कहीं न होने की क़ैद
तुम्हारे उस बहुत होने की क़ैद से अधिक मज़बूत है
या नहीं।

मेरी भंगुरता का स्वामी

दुनिया के जंगल में एक नन्हा सुकुमार पौधा
मेरे चुम्बनों ने बलिष्ठ किया था जिसे
वट वृक्ष-सा फैल गया है संसार के कारोबार में
प्रेम में अब भी है सुकुमार वह
तकता ललाट बाहु होंठों की कोंपलों पर
मेरे छोटे-छोटे स्पर्शों की राह

मेरा मोह उसके कलेजे में डोलती
वह अकेली सूखी पत्ती
जानता है वह जिसकी
कम-से-कम एक नस को हरा रखना

जिसे मैं हवा को भी सौंपते डरती हूँ
वह है मेरी उस भंगुरता का स्वामी

सदियों नहीं देखा उसने मुझे सीधे आँख में
उतना ही लेता है जितना सहेज सके

मेरी बिजलियाँ टकरातीं उसके विकर्षण से
गिरती हैं एक महाधमनी के दायें
वह तिरछा मुस्कुराता है तनिक बायें।

रूमी का माशूक़

जलालुद्दीन रूम ने शम्स तबरेज़ से कहा, जो मैं कर रहा हूँ, वह तुम समझ नहीं पाओगे। असभ्य, अनपढ़ तबरेज़ ने रूम की लिखी हुई सब किताबें दरिया में फेंक दीं। रूम बचाने दौड़ा और देखा कि किताब एक भी नहीं भीगी। अब तबरेज़ ने कहा, मौलाना, यह आप समझ नहीं पायेंगे।

"रूम, शम्स तबरेज़ का शागिर्द हो गया।" यह कहने से पहले बस इतना जान लो कि वह तबरेज़ के भीतर बैठे ख़ुदा का आशिक़ हो गया था। तबरेज़ के दिल में तो हमेशा से ख़ुदा का वास था, बस यह देखने वाली आँख कोई न थी। ख़ुदा छलक-छलक जाता था, उसके अक्खड़पन और फक्कड़पन के पैमाने से, लेकिन हथेली का ओक बना कर घूँट लेने वाला मयनोश कोई न था। प्रेम को पाने की पात्रता, अधिकारिता यूँ आसानी से नहीं मिलती।

अभागा वह नहीं, जिससे किसी ने मुहब्बत नहीं की कि ऐसा तो कोई हुआ ही नहीं इस दुनिया में। अभागा वह है, जो ख़ुद को उस इश्क़ के काबिल नहीं बना पाया। बिना आधिकारिता के ग़र पा भी लिया, तो यह पा लेना ऐसा सतही हुआ कि सब पाने वालों को किसी एक खोने वाले से रश्क़ होने लगा। खोने के क्षण के ऐश्वर्य को सम्हालने की ताब और शऊर हर किसी में कहाँ? सो रूम को तबरेज़ के दिल में मिला, वही ख़ुदा, जिसे वह अब तक आलिमों में ढूँढ़ता फिरता था।

दुनिया जानती है, मौलाना जलालुद्दीन रूम को ख़ुदा और तबरेज़ के इश्क़ ने रूमी बनाया, किताबों ने नहीं।

वहाँ जाना तो है

एक ट्रेन जो चलती थी अक्सर सही समय
सवा तीन घण्टे देरी से आ खड़ी हुई है प्लेटफ़ार्म पर
लोग हैरान, परेशान हैं
बस मैं ही चल रही हूँ उसकी ओर अविकल
कि वहाँ जाना तो है पर जाने की जल्दी नहीं है
जिस शहर में अब माँ नहीं है

बहुत शहरों में बहुत कुछ नहीं होता
बने रहें वे भी, भला मैं कर क्या सकती हूँ
मुझे भी तो वहीं जाना है
उसी शहर का टिकट है
जहाँ अब माँ नहीं है

समुन्दर के ऊष्ण शहर से आ रही है मेरी गाड़ी
और ठण्डा होने लगा है यह मैदानी शहर सुबह शाम
ऊनी कपड़े दो ही चार हैं मेरे पास
किससे पूछूँ
कि उसकी भस्म हुई देह से विकरित ऊष्मा
स्टेशन पर उतरते ही ठिठुरने से बचा सकती है क्या मुझे

वह पहाड़ वहीं खड़ा है
वह नदी चलती ही जा रही है
सरसों-सी कुछ चमक रही है विरल वृक्षों की आड़ से
बुन्देलखण्ड गुज़र रहा है वहीं ट्रेन के आसपास
जहाँ से भादों गुज़र चुका है दो महीने पहले
सूखा नहीं अब भी हरा है उनका रास्ता
पर किसे बताऊँ उसके रास्ते के ये हाल
कैसे बढ़ाऊँ उसी नम्बर की ओर उँगली
जिसके पीछे माँ की आवाज़ नहीं है

वह पहाड़ रहे आयुष्मान
वह नदी रहे अशेष
बुन्देलखण्ड भी बना रहे जहाँ था हमेशा
भादों आये और रहे हर साल हरा
सरसों रहे फूलती विरल या सघन वृक्षों की ओट में
भले तुम ही न रहो बस अपने ठियाँ अम्मा
तुम्हारी ओर जाता रास्ता बना रहे

और कुछ ऐसा करो कि
कोई सुनता रहे तुम्हारे नम्बर पर
तुम्हारे रास्ते के सब हाल।

चलो, न लौटें अब

उतनी ही जाऊँ
कि एक खींच में लौट सकूँ
उतनी ही लौटूँ
कि फिर-फिर आने का कौल न हो

दुआ करो
कि लौट सकना बहानों से बिद्ध हो
मसलन, राह भूल जाऊँ मैं अपनी ही देह तक जाने की
चप्पलें घिस जायें जो कभी थीं नहीं मेरे तलवों पर
एक अथाह नदी बहने लगे अचानक हमारे बीच
और नाव न बनायें
मेरे पार के लोग
चलो, न लौटें अब और

तुम्हारी ओर प्रस्थान के लिए
दूरियों में डुबाऊँ पाँव
सिहरूँ, रुक जाऊँ
रोज़ कल पर टालूँ
रोज़ यह भूल जाऊँ
कि आज
उसी कल को होना था
जिस कल में मिलना तय है हमारा

यह जिसमें गैरहाज़िर हो तुम
अपने इसी क्षण में खड़े होकर
देखूँ तुम्हारे उस निमिष को
जहाँ उपस्थित नहीं अब मैं

आओ तय करें कि हम हैं अकेले
आओ तय करें कि होना भर नहीं था प्रेम
तय करें कि न होना प्रेम है कितना।

मैं भी कर सकती थी तुम्हें फ़ोन

तुम्हारा फ़ोन आया तो
मुझे याद आया
मुजरिम लौटता ही है गुनाह के मौक़े पर
करने को तस्दीक़
कहीं शिनाख़्त बाक़ी तो नहीं
किसी सबूत
किसी स्मृति में

तुम्हारा फ़ोन आया
तो मैंने कुशल-क्षेम पूछा
इससे अधिक राहत की दरकार तुम्हें भी नहीं
मेरी सौजन्यता
तुम्हें अपराधमुक्त करने का यन्त्र है

यूँ नज़रन्दाज़ भी कर सकती थी
फ़ोन के चेहरे पर पड़ी तुम्हारे नाम की शिकन
बस मुक्ति की कामना ने मुझे
तुम्हारी आवाज़ के सामने ला खड़ा किया

चाहती तो न भी उठाती फ़ोन
लेकिन इस एक सवाल ने हमेशा
हलकान रखा है मुझे

कि सड़क पर दम तोड़ते हुए अकेले लोग
क्या सोचते हैं अन्तिम क्षण में भला

दे सकती थी मैं भी किसी दिन आवाज़
लेकिन
जैसे हर बार तुम्हारा फ़ोन उठाकर
मैंने मनुष्यता पर बचाया है तुम्हारा विश्वास
पिछली दफ़ा
कितनी रात थी
सुनसान सड़क
पूस का महीना
देह पर स्वेटर तक नहीं
कातर मन को सम्बल था
बस तुम्हारे अगले एक शब्द का
और तुमने फ़ोन काट दिया था। 2017

रुक जाने के ख़तरे

कैसे व्यक्त करूँ कि विवश न लगे प्रेम
कातरता और मोह में भेद तो दिखना ही चाहिए
अपनी आवाज़ को थरथराहट में बदलने से रोक लूँ
एक उलाहना तक नहीं
कि याचना न समझ ली जाये

अब जब प्यास के चारों तरफ उग आये हैं पहाड़
रिसाव के रास्ते तक बन्द हैं
मैं ईश्वर पर छोड़ती हूँ यह जिज्ञासा
कि क्यों माँ दूध नहीं देती बच्चे को
बिना रोये

प्रतीक्षा के इस टापू पर हवा का एक कतरा नहीं
पेड़ निस्तब्ध पत्ते निश्चल
काँप रही सीने में साँस की एक पत्ती
कितनी दूर भाग आये हम अपने आपसे
कि प्रेम की बात करते ज़ुबान कटती है

विदा में हाथ हिला देना फिर भी है आसान; रुक जाओ
कहने के कितने हैं ख़तरे

ख़तरा है कि
तुम आने का मन बनाते-बनाते
रुक जाओगे;
पहुँचते-पहुँचते पलट जाओगे
आते ही वापस लौट जाओगे
या सबसे बुरा यह होगा कि
यहाँ रहते हुए कहीं और के हो जाओगे।

घुसपैठिया

मैं हर घुसपैठिये और ज़ेबकतरे के मुँह से
उसके पक्ष की कहानी सुनना चाहती हूँ
धरती और प्रेम पर जन्मना हक़ नहीं मेरा
मुझे तिरस्कृत पक्ष की बात अधिक समझ आती है

समझ आता है
कि बाग़ीचे के अमरूद और नीबू मेरे ही नहीं
पत्थर मारकर गिरा लेने वाले छोकरों के भी थे
अनाज पूरा किसान का नहीं
तोतों का भी था
एक बार तो अपने प्रेयस की
काल्पनिक प्रेमिका के पक्ष में जा खड़ी हुई हूँ मैं

गर्भ से जानती थी
कि माँ दो बेटियों के बाद तीसरा बेटा चाहती है
जानती थी कि यह बात
पूरे खानदान, मुहल्ले और क़स्बे को पता है
पता है शहर, देश और संसार को भी
फिर भी आ गयी

मैं जानती थी कि दरअसल
उस छोटी-सी युवती को अपने लिये
तीसरी सन्तान चाहिए ही नहीं
खानदान, मुहल्ले और क़स्बे को
हर स्त्री से एक पुत्र चाहिए
फिर भी आ गयी

और जैसे मैं आयी
देह पर एक धागा नहीं
न हाथ में एक धेला
एक उम्मीद तक नहीं
अब कोई कहे भागो इस धरती से इस इलाक़े इस कमरे से
तो मुझे अच्छा तो नहीं लगेगा

हर घुसपैठिया
कहीं और एक भगोड़ा होता है
रास्ते में मर भी जाये
तो जलाने दफ़नाने की जगह नहीं
देती यह पृथ्वी
और तुम कहते हो
मैं प्रेम का जवाब प्रेम से नहीं देती
नहीं मानती
कि बच्चे रस्मन नहीं प्रेम से भी जन्मते हैं

तो सुनो प्रेम बहुत बड़ी बात है
मैं तो अकारण अमित्र हो
छोड़ जाने वालों से रूठी तक नहीं
सुना ही होगा
गर्भ के संस्कार आजन्म साथ रहते हैं

बेईमान चूकें

बहेलिया नहीं चाहता
जाल में काले छींट वाली
सफ़ेद कबूतरी फँसे, जिसके बच्चे अभी अण्डों से निकले हैं
कंडक्टर चाहता है
कुल्फ़ी के लिए रिरियाते बच्चे की माँ
बस का टिकट ख़रीदना भूल जाये
कसाई का लड़का कल काटे जाने वाले मेमने की
रस्सी ढीली बाँधता
बाड़े का बाँस लगाना भूल जाता है
भरे घर की वधू चाहती है
पूजाघर में झाड़ू लगाती मरियल लड़की
आँख बचाकर भोग का लड्डू चुरा ले
हवाई अड्डे से लौटा मालिक
दबे पाँव चलता है कि
दिन भर खटे चौकीदार की झपकी न टूटे
आधा मील तैर कर आने वाले
बच्चे का मास्टर चाहता है
बच्चा आँख बचाकर थोड़ी नक़ल कर ले
एक ही दिन में कितनी परीक्षाएँ दे सकता है भला कोई

यह दुनिया हमारी मुस्तैदियों पर नहीं
बेईमान चूकों पर टिकी है
यह थक गयी है हमारी ईमानदार हृदयहीनताओं से
यह दुनिया कभी-कभी बेईमान हो जाना
चाहती है।
वह जानती है
कि असमय झपकी
मज़दूर को आती है लिफ़्टमैन को आती है
चौकीदार को और हर उस मेहनतकश को आती है
जिसने अपनी देह को दो जून रोटी के लिए
रेहन रख दिया है
यह दुनिया जानती है कि असमय झपकी हुक्काम को नहीं आती
क्योंकि वह जब चाहेगा, दिन को रात कहेगा
अपनी नींद के लिए निज़ाम बदल देगा।

हिदायत

मैं तुम्हारी माँ हूँ लड़की
तुम ईश्वर पेड़ पहाड़ परिवार सबसे पहले
मुझ पर भरोसा करना
तुमने कहा है
कबूतरों की हिफ़ाज़त के लिए
बहेलिये को रोकना चाहिए
जाल को रोकना चाहिए
क़ैद करने वाले पिंजरों
और हज़म कर जाने वाले पेटों को रोकना चाहिए
कबूतरों के पंख बाँध देने से क्या होगा

तो सुनो,
मैंने झाड़ियों को हिदायत दी है कि
कोई भेड़िया किसी बच्ची को
तुम्हारे पीछे खींच ले जाना चाहे
तो अपने सब पत्ते गिरा देना
ख़त्म कर देना हर ओट
जिसमें छिपे अँधेरे
सूरज को निगल लेते हैं
मैंने सुनसान सड़कों से कहा है
यहाँ से गुज़रती बच्ची की सहयात्री हो जाना
देखना, सन्नाटा उस पर हमला न कर सके

मैंने हवाओं से कहा है कि
उसकी निगेहबान होके रहना
उड़ा ले जाना उस पर पड़ने वाली
हर बुरी नज़र को अपनी आँधियों में
मैंने आग से पूछा है कि
तुम क्यों आटा-दाल-आलू पकाते-पकाते
औरतों की देह भूनने लगी हो
जल जाओ अपने ही दाह में अगर
पकाने और जलाने में भेद नहीं कर सकतीं
मैंने भूमि से कहा है तुम्हीं बनती हो न शय्या
हर दुष्कर्म की
तुम्हें माँ कहते ज़ुबान कटती है
क्यों नहीं फट जातीं तुम निगल जातीं
हर आततायी को एक दिन
मैंने सभ्य पुरुषों से कहा है
और सभ्य हो जाओ

मैं हव्वा की क़सम खाकर कहती हूँ बच्ची
मैंने सबको हिदायत दे दी है
कि तमीज़ से रहो
मेरी बेटी बहुत रात गये
लाइब्रेरी से हॉस्टल लौटना चाह रही है।

पिताओं की दुनिया में

पिता ग्रीष्म की दोपहरी के निचाट आकाश में बहुत ऊपर उड़ते बड़े पक्षी की तरह मेरी सोच में गोल–गोल चक्कर काटते रहते हैं—

मैं बिना आँखें बन्द किये भी उन्हें सोच सकती हूँ

वे खुली आँखों देखे जाते सपने में तब्दील हो गये हैं

कभी-कभी अपनी गम्भीर, मर्दाना आवाज़ में मुझे बुलाते हैं, यूँ, जैसे बिना पूछे अपना कलम उठा लिये जाने से आजिज़ हों।

कभी जान कर अपनी भारी हथेली को ज़रा ज़ोर से मेरे सिर पर छोड़ देते हैं, कुछ ज़रूरी काम करते हुए मेरी गर्दन झुक जाती है। मैं मुड़कर आँखें तरेरती, फिर दोनों हँसते हैं।

ये सब होता ही रहता है, जबकि वे मुझसे बहुत दूर आगरा में 37 साल पुराने एक घर के कमरे में अपने बिस्तर पर निश्चेष्ट लेटे हैं। चार साल से अधिक हुए उन्हें पक्षाघात हुए। वे जीवित हैं, पर मैंने बाद में जाना कि उनके पार्थिव स्वरूप को खोकर जो शोक हुआ, उसे भी पितृशोक कहते हैं। यह मेरी जान में पिता के रहते सबसे लम्बा चलने वाला पितृशोक है।

मैं चाहती हूँ वे सदैव साथ रहें, मुझे सदा यह शोक रहे।

वे जब लकवाग्रस्त हुए तब 73 साल के थे

उस दिन के बाद से मुझे हँसते-बोलते, खड़े-बैठे बूढ़ों से ईर्ष्या होने लगी।

मैं उन्हें समूहों में टहलते, बीच सड़क रुककर गपियाते और ठहाका लगाकर हँसते देखती और अपने पिता की असहायता का सोच वहीं दिल पर हाथ रख लेती।

पर मैं चाहती थी कि वे सब स्वस्थ रहें। इस दुनिया पर बर्फ़ जैसे सफ़ेद केशों और भँवों वाले बुद्धिमान तुनकमिजाज़ बूढ़ों का शासन हो जाये।

ऐसे मुझे दुनिया के तमाम बुड्ढों से प्रेम हो गया जबकि वे मुझे एक अपरिचित स्त्री से अधिक कुछ नहीं मानते। कुछ तो आहत भी हैं कि मैंने उनका हर कहा नहीं माना।

ईश्वर को ही लें, वह कब जवाब देने वाला है कि उसने मेरे पिता को ही क्यों आघात पहुँचाया। पहले ही ऐसे तमाम अधमरे प्रश्न हैं जिनके जवाब ईश्वर पर शेष हैं।

पिता कहाँ हैं

‘शुगर 217 है’, पिता ने ऐलान किया
‘कम नहीं, नार्मल है पापा’ मैं व्यस्त रही हाथ के काम में
ठगे से रह गये पिता
अब रक्त में चीनी का सामान्य होना भी
उन्हें आहत करता है
जैसे पर्चा अच्छा लिखने के बावजूद
इम्तिहान में कम अंक मिले हों

मुझे याद आया
यह सुबह से तीसरी बार ख़ून जाँचा है पिता ने
जब मीठी नानख़ताई परोसी मैंने ट्यूशन टीचर को
पिता अब रक्त में चीनी का दूसरा व्यापार नहीं समझते
उनके लिए कम शुगर
मीठा खा सकने की सुविधा है
कम शुगर बहुत ज़रा देर के लिए
उस दुःस्वप्न से मुक्ति है
जिसने एक क्षण में उन्हें स्थायी मरीज़ बना दिया

उढ़का दरवाज़ा खोल
मैंने चाय और नानख़ताई बढ़ाई
पापा लीजिये
खिन्न अनमने पिता चमक उठे आँखों और गाल से

नत म्लान मुख विहँसने लगा खुली आवाज़ में
भूल गये जीवन का सब क्षोभ
अब तक का कुल संघर्ष
हर पराजय

आर्द्र खड़ी रही मैं, पराभूत
यह कौन हैं
जो हँसता है अपनी ही जान जोखिम में डाल
यह कौन है जो मेरी तमाम एहतियात पर पानी फेरने के लिए
नापता है अपना शुगर, ब्लड प्रेशर और वज़न पूरे दिन
यह पिता नहीं
मीठे के लिए दिन-रात मचलता एक शिशु
मैं बस उसकी माँ
उसकी मीठी तलब काटने के लिए
नित नई तिक्तता ईजाद करती हूँ।

पिता तो जा चुके हैं कबके।

जाओ, तुम्हें सब याद रहे

यह पृथ्वी एक स्त्री के भूलने पर टिकी है
पहले छल को भुलाकर
बसाती है वह गृहस्थी
पहली प्रसवपीड़ा भूलकर देती है अगली सन्ततियों को जन्म

फिर भी हम बहुत डरे स्मृतिलोप से
दादी को स्मृतिभंग हुआ, फिर न बचीं
पिता कोशिश करते कि कुछ भी न भूलें
एक याद की दवा तक थी शंखपुष्पी
जिसे परीक्षा के दिनों में बच्चों को देती थीं माँएँ

पिछले दिनों कितनी प्रार्थनाएँ हुईं किन्तु भूलने के पक्ष में
पृथ्वी ने कहा मुझे भूलने दो
उन शवों को
जो अकाल जलाये और दफ़नाये गये मेरी ही देह पर
जवान विधवाएँ सश्रम भूलती रहीं
अस्पताल से ही लम्बी यात्रा पर निकल चुके उन पतियों को
रात होते ही जो गर्म रोटी एक गिलास ठण्डा पानी
बत्ती जाने पर हाथ का पंखा माँगते जीवित हो उठते
माँएँ मृत बेटों के पढ़ने की मेज़ तक
लौट–लौट
दूध और खाना ठण्डा हो जाना चेताती रहीं

मनाती भी रहीं कि अन्तिम साँस से पहले
उनकी भूख और नींद की चिन्ता भूल सकें

मित्र की पत्नी रेमदिसिविर की
सब सुइयाँ लगने के बावजूद न बची
गीता सुन जिसे और मोह होता था
मैंने याददाश्त खोने का आशीर्वाद दिया
सुख याद रखने से अधिक दुःख भूलना
जीवित रहने का नुस्ख़ा है

किन्तु, जिसने प्रेम का अभिनय करते-करते प्रेम किया
सब ठीक करने का उपक्रम करते-करते सब तोड़-फोड़ डाला
उसे जाते हुए एक ही श्राप दिया मैंने
जाओ, सब याद रहे तुम्हें।

उसने हँसी में कहा था

वह कहता है तुम
रोते हुए ज़रा भी सुन्दर नहीं लगती
वह बुदबुदाती है, इसीलिए रोती हूँ
क्योंकि हँसना आत्मा की सांकल खोल देना है
घुस आता है
साथ हँसता अपरिचित साधिकार
नहीं हँसती
कि हँसना शिकार में तब्दील कर देता है
हँसते-हँसते बुदबुदाता है वह एक दिन
तुम कितनी सुन्दर हो
हँसते हुए
नहीं देख पाती
कि उसने हँसी में कहा था

लड़की नहीं हँसेगी
तो बहुत काम करेगी
ज़रूरी नहीं है रोये ही
किताबों में पढ़ेगी उन लड़कियों की कहानी
जो हँसीं
और बन गयीं कहानी

निर्विकल्प

जीवन को भर देने के लिए
चाहिए था थोड़ा-सा प्रेम
थोड़े से प्रेम की रिक्ति इतनी बड़ी
कि पाटने में खर्च हो गया शेष सब, सभी कुछ

फिर भी नहीं भरा यह अतल घट
काम था प्रेम का अश्लील विकल्प
देह तृप्त होती जाती मन रीता
सत्ता वह मद जो उतरा और प्रेम ही याद आया
सफलता थी एक वैकल्पिक प्रश्न, जिसका हर उत्तर था एकान्तिक

तितलियाँ कबसे इधर झाँकने नहीं आयीं
बालकनी के फूल रंगीन प्लास्टिक में तब्दील हो चुके
मैं उसे किस रंग में बताऊँ कि किसी ने
ग़लत प्रश्नपत्र पकड़ा दिया था मुझे
किस सुगन्ध से जताऊँ कि उसका नाम
जीवन के विकल्पों में सबसे ऊपर था

प्रेम तो मेरी बालकनी में खिला दुलरुआ फूल था
मैं उसे सींचती तो जंगल हो जाती थी
अब किन शब्दों में लिखूँ वह एक तितली
जो आये
चूम ले उसका मुख।

मैं उससे यूँ बिछड़ी

मैं उससे यूँ बिछड़ी
जैसे सदी की आख़िरी शाम
लुशाई पहाड़ी से धूप उतरी हो
वह दिसम्बर का अन्तिम दिन भी हो सकता था
पर जुलाई का मध्य हुआ

जब मुम्बई में आकाश
टूट पड़ने के अन्तरालों में रिस रहा था
मैं एक दूर दराज़ शहर में
उससे बिछड़ रही थी

अब नहीं उतरना था मुझे किसी सुबह
पहाड़ की कच्ची धूप-सा
उसकी देह हरियाली पर
अब मैं कभी उसके दिन की
ठेठ गृहस्थिन दोपहर न हो सकती थी
कि खीजते ही सही
चाय का एक प्याला टिका पाती
उसकी शाम खिड़की पर

चुपचाप गुज़र रही थी मैं वापसी में
सड़कों पुलों स्टेशनों और मौन से
याद की अस्थियाँ चटक रही थीं भस्म होती हुई
सब्र के जंगलों का धू-धू शोर
कानों को बहरा किये दे रहा था

मगर जिस पल राख़ की तरह ख़ाक होना था
मैं लावा की तरह पिघली
विरह के ज्वालामुखी से बाहर आते ही
जम गयी
उस पर यूँ बेआस बिछड़ी
जैसे समय ने प्रत्यंचा पर चढ़ाकर
कभी न लौटने के लिए खींच दिया हो मुझे
मैं अपने सुखों की छाती में बिंधा हुआ तीर हूँ

विरह के अन्त में पुनर्जन्म सुनिश्चित है
प्रेम में लोग मृत्यु की तरह बिछड़ते हैं
मैं भी उससे आख़िरी साँस की तरह बिछड़ी
देर तक मँडराती रही उसी के आसपास

प्रेम में सब गँवा चुकने वाले भी
विरह में सब खो सकते ही हैं
मग़र मैं यूँ बिछड़ी
जैसे मकड़ी गिरती है
पेड़ की शाख से
दूरी के साथ लम्बा होता जाता है
नेह का तन्तु।

कार्बन फुट प्रिंट

ओज़ोन लेयर को छेद रही है हमारी एक-एक साँस
पृथ्वी को भून रहे हैं हमारे ठाट-बाट
हम पाताल फोड़ मिनरल वॉटर चूस रहे हैं
कितने ही जंगलों के रक्त से लिख डाले हमने प्रेमपत्र
ऐसे धरती के गर्भ को घुन रहा है हमारा जीवन
बस, बिना एक भी और पदचिह्न छोड़े
चली जाना चाहती हूँ पृथ्वी की परिधि से बाहर
चाहती तो यह भी हूँ कि
जो बिस्तर से उठूँ तो
एक सिलवट न छूटे रात की साँवली देह पर
किसी दुःख का ताप न बढ़ाये मेरी पेशानी की त्यौरी
घूमती रहे पृथ्वी अपनी धुरी पर
निर्बाध हमारी उथल-पुथल से अविचल
एक भी साँस अधिक लिये बिना जब मरूँ
न करें मेरे मृतावशेष
धुँधला किसी प्राचीन नदी की तलहटी को
नहीं चाहती अपने नाम का कोई पत्थर
किसी कब्र बेंच, प्याऊ या मन्दिर पर
मेरी ही आँख से टपकी बूँद
मेरे हाथ-पैरों की थकन पर कोई
गुल खिला दे
इसके पहले

चल देना चाहती हूँ इस जगह से बहुत दूर
तुम्हारे दुर्वाच्य विरल स्पर्श और आलिंगनों की राख़
प्रवाहित करके अपनी आत्मा की नदी में
अनकहे प्रेम की तरह
नियति की तरह
अतीत की तरह
बिना आहट
चली जाना चाहती हूँ
बिना छोड़े एक भी कार्बन फुट प्रिंट
इस पृथ्वी पर।

नर पपीता

गूगल पर देखो
वे नर पपीते को मादा करने के तरीके बता रहे हैं
बता रहे हैं कि
तने में कील ठोंकने से
बड़ी मूल को काट देने से
या एक हिंसक झटका देने से
नर पपीता मादा हो जाता है
खेत-खलिहान घर-आँगन
मीठे सुनहले फलों से भर जाते हैं

शायद एक दिन थक जायें वे
पपीते में नर और इन्सानों में मादा को मारते हुए
एक दिन उन्हें कोख की किल्लत हो
किल्लत हो सिर झुकाकर
आदेश मान लेने वाली नस्ल की
एक दिन नाराज़ हो जायें कि
पिता लोरी अच्छी नहीं सुना रहे
तारत्व पर सुरीले होने के बजाय कर्कश हो जा रहे हैं
एक दिन युद्ध से लौटें
और घर में लेप की जगह एक दूसरा युद्ध तैयार मिले
या तीर लिए कस्तूरी ढूँढ़ते फिरें और जानें
कि सुगन्धि मृग नाभि से नहीं

सृष्टि भर के पुष्पों से नहीं
एक औरत के जूड़े में खुसे फूल से आती थी
उसी की सदाफूली आत्मा गमकती थी
रह-रहकर इस पृथ्वी पर
जो खिलता था एक स्त्री की झोंपड़ी से सटकर

प्रेम और वितृष्णा नहीं
सत्ता और उपयोगिता समझता है पुरुष
जिस दिन जान गया
बहुत काम की है स्त्री
शत्रु हो जायेगा अपने ही पुंसत्व का

जिस दिन सीख गया गूगल से
पुरुष को स्त्री बनाना
बालक भ्रूणों को नष्ट करेगा
वाई शुक्राणु सहेज लेगा।

फैक्ट्री सेटिंग

अपने फ़ोन को
फ़ैक्ट्री सेटिंग से धो माँज
एक अजनबी हाथ सौंप दिया मैंने
एक्सचेंज ऑफ़र भी था
यूँ सस्ते में निर्दोष फ़ोन मिल गया
मेरी पुरानी कमज़ोरियों और साज़िशों से नावाक़िफ़
मेरी हथेलियों की पसीज, आंसुओं के नमक और कपोलों के सेंक का नातजुर्बेकार
ऐसी क्वाँरी और अबोध चीज़ें बहुत भाती हैं मेरे शातिरपन को

एक आधी रात चिहुँककर जाग उठी मेरी आत्मा
नींद में ठीक-ठीक याद नहीं आया
कैसा दिखता था फ़ोन ले जाने वाला कुरियर बॉय
कितनी नमी थी फ़ोन की आँख में
कितनी शिकन उसके असहाय माथे पर त्यागे जाते समय
बस याद आया उसका दानेदार स्पर्श मेरी हथेलियों को
एक मलाल ऐंठता घुमड़ता रहा नाभि में
कहो रोया हो वह मुझसे बिछड़ कर
उस पर मैंने उसके सारे दृश्य आवाज़ें
बातें सन्देश यादें मुस्कराहट आँसू भी
छीन लिये अचानक उस सुबह
एक सूराख तक नहीं छोड़ा हमारे बीच की वीथिका में

कि पुकार सके वह कभी मेरा नाम ही
झाँक सके कभी हमारी पिछली साझा दुनिया में

ऐसा कैसे कर सकी मैं
उसकी स्मृति छीन ली
जिसके बिना मनुष्य अतीत हो जाता है
एक बटन दबाया ख़त्म कर दिया उसे देखते-ही-देखते
डिमेंशिया इसे ही कहते हैं न

कसे इज़ारबन्द जैसे होते हैं कुछ अपराधबोध
डोरी खुल जाये फिर भी
कमर पर लाल निशान और पीड़ा बनी रहती है

अब मैं हूँ उस इन्सान जितनी ही गुनाहगार
जिसने जीना सिखाया
प्रेम की वर्तनी और कायदा भी
सिखाया कि इश्क़ में मुस्कुराया जाता है दिन भर
रात भर रोया जाता है उसी में
अधपेट भूख मर जाती है जिस नाम के ज़िक्र पर
उस नाम के छूटते ही छूट जाती है पूरी दुनिया
और फिर
मेरी आत्मा को फ़ैक्ट्री सेटिंग पर डाल
एक एक्सचेंज ऑफ़र में सौंप दिया मुझे
दुनिया भर की अजनबीयत के हाथ

क्या वह भी रोया होगा किसी रात
मेरे सुनसान हुए मन
नष्ट हुए जीवन को सोच कर

करो मुझे नज़रन्दाज़

नज़रअन्दाज़ तो सभी कर रहे हैं इन दिनों
विडम्बना है कि ईर्ष्या से अधिक नज़रअन्दाज़
प्रेम में किया जा रहा है
मेह जंगल पर बरसने के लिए
रेगिस्तान की अनदेखी कर रहे हैं
हवाएँ राजप्रासादों में बहने के लिए
कर रही हैं मलिन बस्तियों की उपेक्षा
तिरस्कार व्यक्ति के विकास का परचम है
लहराता हर समर्थ पुतली में
तुम भी करो जब तक प्रेम भय आदर किसी हेतु
मैं हूँ तुम्हारी मुँहचितु

जैसे साँस करती है मरती हुई देह का तिरस्कार
राहगीर नहीं देखता सूखी पत्तियों को चरमराते हुए
अघाया आदमी उठ खड़ा होता है जूठे थाल से मन फेर
जैसे केलि के पश्चात हो आता है वैराग्य
सो रहता है प्रेयस पीठ फेर
जैसे मैं अपनी अव्यक्त अपेक्षाओं को
अनसुना करती आयी हूँ आज तक
देखना मुझे उस अनभीष्ट दृष्टि से
जो काँच को देखती है आर-पार

लेकिन यह क्या, तुम तो दूर जाते हुए
लौट-लौट आते हो मेरी असार कामनाओं तक
यह क्या कि कनखियों से पढ़ते रहते हो
मेरा वर्तमान, बाँचते हो भविष्य की सम्भावनाएँ
यह क्या कि तुम्हारी कनपटियाँ ललछौहीं हो आती हैं
मेरे न होने की आँच भर से

अबकी यूँ फेरो पीठ मुझ पर
कि चेहरे का रंग न उड़े
आँख में नमी न उतरे
एक हरारत न दौड़ जाये आपादमस्तक
अब से कुछ ऐसे करो नज़रअन्दाज़
कि मेरे हिस्से
तुम्हारा आशीष
या श्राप कुछ भी न आये।

गले लगना नहीं आता उन्हें

प्रेम करते हैं
काम करते हैं
कौशल करते हैं
बलात्कार कर लेते हैं
गले लगना नहीं जानते

उनके पास बांहें हैं
सीना है
चिबुक की वह गोल धार है
जो हमारे कपोल के कोमल उतार पर आ टिके
बस ग्रीवा में धैर्य नहीं
कन्धे में कोमल ढलान नहीं जहाँ थका हारा प्रेम
समर्पण की मुद्रा में शरण पाता है

उनकी उँगलियों ने रुकना नहीं सीखा
खेलते रहे हमारे कटि और वक्ष से
उनकी देह के भीतर आत्मा
दीवार के भीतर पड़े इस्पात-सी सीधी और बेहिस है
वे झुकना नहीं जानते

नहीं जानते कि गले लगना प्रेम की अयौगिक अवस्था है
उन्हें प्रेम समाप्त करने की जल्दी रहती है
आत्मा कहीं और व्यस्त रहती है

प्रेम-में-प्रेम छोड़ वे बहुत कुछ कर बैठते हैं
मरते हैं, मारते हैं, मकबरा बना देते हैं
युद्ध छेड़ देते हैं, मैदान नहीं छोड़ते

जबकि जन्म देते ही
हमने लगा लिया था उन्हें गले
जाने यह कैसे हो गया कि चौंसठ कलाएँ सीख लीं
और गले लगना नहीं आता उन्हें।

याद-बेदाद

तुम सुई से काँटा निकालते हो
सुई काँटे से गहरे जा गड़ती है
भूल जाओ कहने से याद कहाँ जाती है

नींद तुम्हें भूलने का मन्त्र नहीं
मैंने हर रात फूँककर देख लिया
एक दिन याद का हाथ पकड़कर अनुनय की
कि ले आये वह तुम्हें यहाँ
और वही हाथ थाम
लाँघ गयी हमारे बीच की अगाध दूरी
तुम्हारी याद विरह से मुक्ति की चाबी है
नित्य खोलती हूँ अतीत का कमरा
नित्य जी आती हूँ एक कल, रख आती हूँ एक आज

तुम्हारा नाम पीताभ कलई वाले लोटे पर गहरे है ख़ुदा
देह अनगिन जन्मों के जल में डूबे उतराये भी
नाम लिखा रह जाता है पुकार की पूरी मात्राओं में
गहराते ही जाते हैं पकड़ के निशान
लोटे की ग्रीवा पर, धातु में
मृत्यु क्या-क्या विस्मृत कर पाती है
यह बताने कौन लौटेगा अगले जन्मों से

स्मृति चिरन्तन है जानती हूँ
फिर भी
बीन ही लिये फूल इस जीवन के दाह से
नेह का लोटा देह के घाट पर
साथ की राख और अस्थियाँ साधे बैठा है

समय की अनादि धारा में
छींटती हूँ तुम्हारी याद का जल
मन्त्र सिद्ध नहीं हुए अब तक इस क्रिया के
सो बुदबुदाती मोह के अकारथ पाप
तर्पण कर रही हूँ सदा के लिए हमारा साथ।

कवि का गद्य

(आमिर हमज़ा की प्रेरणा से लिखा गया)

अवसाद

चिकित्सक जो अवसाद का इलाज करता है, उसे सबसे कम समझता है। यह बात बीमार और उसके, दोनों के लिए अच्छी है। वे रख सकते हैं रोग और निदान के अपने-अपने रहस्य।

वह एक गोली सोने की देता है, एक सोये रहने की
एक जागने की और जागे रहने की दूसरी
जानता है जंगल से उखाड़ कर गमले में रोप दिये गये पौधे को
ख़ुश रहने की गोली नहीं बातास का चुम्बन चाहिए
पर वह मनोचिकित्सक है ईश्वर नहीं।

समन्दर

किसी ने कहा था, तुम्हारे शहर में बारिश की बहुत ज़रूरत है, तुम्हें अपने समन्दर के लिए भी तो पानी चाहिए

इसके बाद जब–जब बारिश होती मैं पानी को समन्दर की ओर बहते देख आश्वस्त होती। मैं नहीं जानना चाहती थी कि उसने यह मज़ाक में कहा है

मेरे लिए इस शहर, इसकी बारिश, इसके समन्दर से कहीं अधिक ज़रूरी वह आदमी था

जो इतने बड़े से समन्दर और इतने छोटे से मेरे दिल को
एक सरसरी निगाह देखकर चला गया था

मैं साल भर बारिश का रास्ता देखती थी, मैं जिये भर मन्नतें माँगती थी कि मेरे शहर के समन्दर में कभी पानी कम न हो।

नींद

नींद राहत से पहले एक राजनीति है। जो जितना सबल है उसे निर्विघ्न सोने का उतना ही समय और आज़ादी मयस्सर है।

परन्तु उसका न्याय अद्भुत है। उसका समाजवाद मृत्यु की तरह सटीक है। सम्पन्न के पास सोने का स्थान और समय बहुत है नींद वहाँ नहीं फटकती। हथठेला खींचता मजूर दो घड़ी को ठेले पर ही टेढ़ा-मेढ़ा टिकता है तो खर्राटे गूँजने लगते हैं।

वे पुरुष बहुत भाग्यवान हैं, जो अपने घर की औरतों को सोता देख पाते हैं। उन्हें मानना चाहिए कि वे अच्छे मनुष्य हैं। शेष दुनिया में औरतों के सोने के विरुद्ध अनेक कहावतें प्रचलित हैं। दिनभर गृहस्थी में जुती औरत शाम होते-होते यदि जुआ कन्धे से उतार कुछ देर को पड़ रहती तो कहा जाता कुबेरी बेला सोकर यह दारिद्रय को आमन्त्रण दे रही है।

सुबह की नींद सिर्फ़ खानदानी रईसों, रुग्ण वृद्धों और मध्यवर्गीय पुरुषों के भाग्य में आती है। औरतों को जीवन भर सुबह की मीठी नींद से वंचित रखा जाता है, सो बुढ़ापे में वे सुबह-सुबह स्नान-ध्यान, भजन-कीर्तन का शोर मचा दुनिया की नींद में पलीता लगाती हैं।

देह

यही वह देह है, जिसे मैं पाप, व्यापार या मशीन बनने से बचाती रही और यह एक–एक कर यही तीनों हो गयी। एदुआर्दो गाले आनो ने कहा, चर्च कहता है देह पाप है, विज्ञापन कहता है देह व्यापार है और विज्ञान कहता है कि देह एक मशीन है।

स्त्री इन तीनों बातों में विश्वास न भी करे दुनिया उसे ये तीनों बना देगी।

चौथी बात रह गयी है। गालेआनो कहता है, देह कहती है, "वह सुख है।"

इस सुख तक पहुँचने के लिए पहली तीन परिभाषाओं से मुक्ति पानी होगी।

मेरी देह भौतिक प्रेम तक पहुँचने का इकलौता माध्यम है, इसलिए ऐसा कोई क्षण नहीं जब मैं इसे स्वीकार और प्यार न करूँ। अपनी देह को दिया हुआ सम्मान भी मेरी आत्मा को कान्तिमय रखता है।

स्पर्श

इमारत के अट्ठावनवें माले पर बने इस घर की हर चीज़ को पृथ्वी नित्य स्पर्श करती है।

हर दिन थोड़ी-सी धरती हाथ बढ़ाती है हम ज़मीन से उखड़े लोगों की तरफ।

उसे धूल कहने से पहले, झाड़ देने से पहले, थोड़ी और विस्थापित हो जाती हूँ मैं रोज़।

पेड़

मैं जड़ से उखड़ी, उसका तना था सूखा
हम मिले
फूल पत्ती शाखाओं में खिलने के लिए नहीं
एक साथ मिट्टी हो जाने के लिए

जीवन की कोई स्मृति वृक्षरहित नहीं। प्रेम, वियोग, संघर्ष, सफलता, हर दृश्य की पृष्ठभूमि में एक वृक्ष उपस्थित है।

एकान्त

एकान्त वह अकूत सम्पदा है स्त्रियों को खाली करने के क्रम में जिसे सबसे पहले लूटा गया। नींद की तरह एकान्त पर भी उनका मौलिक अधिकार नहीं।

लड़की का एकान्त समाज के लिए चुनौती है। समाज पिता को धमकाता है, इसका समय से ब्याह करो। सो, उसका एकान्त पिता की नींद को खटमल की तरह चुनने लगता है।

घरों के भीतर यह प्रयास किया जाता है कि लड़कियों को रेवड़ों में पाला जाये। वे पाँच मिनट एकान्त में बैठीं यानी परपुरुष का विचार मन में आ रहा है। 'कुछ करने को न हो तो भगवान में ध्यान लगाओ, लड़की!'

अब भी मुझे सबसे अधिक सन्ताप अपना एकान्त भंग करके होता है। बहुत लोगों, बातों और विचारों का प्रवेश कराके जब मैं इस दुर्लभ थाती को नष्ट करती हूँ, तो ग्लानि होती है।

प्रेम में भी मैंने पूछा था, तुम मेरा वह कमरा हो, जो मेरा था और कभी मेरा न हुआ। मुझे दे सकोगे मेरा एकान्त?

आईना

कैमरे और आईने, दोनों के हिस्से हमारी कृत्रिम मुस्कुराहट से अधिक क्या आता है? क्या कोई आईना हमारे उस रूप को दिखा सकता है, जो सपने में अपने बिछड़े प्रेमी का हाथ थामे बैठा है?

आईने में अपने आपको देख पाना लगभग असम्भव है। वह हमें बस उस आदमी का प्रतिबिम्ब दिखाता है, जो हमारे जैसा दिखता है। आईने के सामने खड़े हम, ख़ुद को इस अपने जैसे दिखते आदमी से ढँककर देखते हैं। उस पल हम कुछ नहीं कर रहे होते हैं, करुणा, ईर्ष्या, हिंसा, कपट, कुण्ठा, प्रेम यहाँ तक कि विचार भी नहीं। बस मुस्कुराते हैं, खोखली और नकली मुस्कुराहट।

अपने शत्रु को आईने के सामने खड़े देखना। आकर्षक और मीठा मुस्कुराते हुए। तुम्हारी इच्छा होगी भर ताक़त चीखो, यह झूठ है, तुम ऐसे बिल्कुल नहीं हो!

अगली बार आईना देखो तो सोचना, तुम किसी के वैसे ही शत्रु तो नहीं?

जूते

मैंने पूरा बचपन मैनपुरी के ईंट-भट्ठा मजदूरों को आगरा में साइकिल रिक्शा चलाते देखा है। वे भूमिहीन खेतिहर थे। एक खास तरह के टायर काटकर बनायी गयी चप्पलें पहनते थे। मोची अपने खाली समय में टायर काट-पीटकर वे चप्पलें सिलते रहते थे। क्या कीमत रही होगी उनकी? बहुत कम, मुफ्त जैसी। फिर भी कुछ रिक्शा वाले नंगे पाँव रिक्शा चलाते थे।

पूस की रातों में जब तापमान शून्य तक गिर जाता था, वे पतली घिसी कमीज़ में नंगे पाँवों रिक्शा खींचते। बर्फ़ीली हवा में उनकी कमीज़ फड़फड़ाती, दाँत बजते तो पीछे तक सुनाई देते। उनके दारुण कष्ट देख हमारा परिवार सुन्न हो जाता, किन्तु वे हमारी तंगी के दिन थे बमुश्किल हम सबको पहनाया-उढ़ाया जाता था। सवारी पूरी होने पर उन्हें कुछ अतिरिक्त धन देकर माँ अपने आपको ढांढस बँधा लेती।

कभी नहीं सोचा था 6-7 की उम्र में आत्मा पर लगे वे घाव इतने गहरे होंगे कि शेष जीवन हर सुख, हर पहनना ओढ़ना एक अक्षम्य पाप, एक निर्लज्ज अपराध-सा ज़मीर को दागता रहेगा।

बाद में जिस ज़ेब में अनेक सुन्दर जूते पहनने के पैसे हुए, उसमें से उन्हें पहनने की एक भी इच्छा नहीं जन्मी।

सरहद

ग्रीष्म की साँझ थी वह, जब हमने अन्तिम बार एक भीड़ भरे बाज़ार में दूर से एक दूसरे को देखा और दो अलग आकाशगंगाओं में जलते उल्कापिण्डों से टूटकर बिखर गये।

पचास गज के अन्तर पर खड़े हम कितने प्रकाशवर्ष दूर थे एक दूसरे से।

हमारी इस दुनिया को धर्म, जाति और वर्गभेद की सरहदें कहीं अधिक बाँटती हैं। भौगोलिक सीमाएँ आम आदमी के लिए राष्ट्रीय सुरक्षा और देशप्रेम का पर्याय भर हैं।

किन्तु उस प्यार से सबल और क्या है, जिससे डरकर लोग दो लोगों को उनके अपने ही देश में निर्वासित कर दें, उनके मुहल्लों और शहरों के बीच मीलों और सालों लम्बी खाइयाँ खोद दें?

उस प्यार से सम्पूर्ण और क्या है कि दो लोग अपना सब कुछ पीछे छोड़ इन सरहदों के पार बस जाना चाहें?

चिट्ठी

कक्षा सात में मेरी सबसे अच्छी सहेली को एक नयी लड़की ने हड़प लिया। मेरी वह सहेली कक्षा में हर तरह से बेकार मानी जाती थी, पर मेरी जान उसमें ही बसती थी। दु:ख की बात यह थी कि उसे ख़ुद अपनी क़ीमत पता नहीं थी। मैंने रो-रोकर उसे एक लम्बी चिट्ठी लिखी। पर उसे देने से पहले वह माँ के हाथ लग गयी।

फिर मैंने आधी रात को उन्हें फुसफुसाते सुना, 'अगर किसी दिन इसने किसी लड़के को ऐसी चिट्ठी लिख दी, तो?'

आवाज़ में इतनी चिन्ता, ग्लानि और सन्ताप थे कि मैं सन्न रह गयी।

उस एक बात ने जीवनभर के लिए मुझे प्रेम, लड़कों और चिट्ठियों के प्रति अपराधबोध और संकोच से भर दिया।

काश, प्रेम में लिखी गयी चिट्ठियों के काग़ज़ पर चरित्रहीन शब्द का वाटरमार्क न होता।

भूख

वे कितने दयालु हाथ थे, जिन्होंने चेहरे पर भूख पढ़कर भोजन दे दिया। कैसा दयालु मन था जो क्लान्त तृषित आत्मा को बिना माँगे प्रेम देता रहा। वह कैसा धीरोदात्त पुरुष था, जो अपनी स्त्री की हर तृष्णा पहचान निर्झर सा मिट्टी में मिल जाने को तत्पर था।

होलोकास्ट में मरने से पहले एक बारह साल की बच्ची कह गयी थी कि भूख कोई समस्या नहीं बल्कि अश्लीलता है।

हम जानते हैं अश्लील भूखा व्यक्ति नहीं बल्कि वह है, जो भूख पढ़ना नहीं चाहता, चिल्लाकर रोटी माँगे जाने की प्रतीक्षा करता है।

क्योंकि भूख के बिना कुछ रचा नहीं जा सकता, भोजन, प्रेम, सृष्टि या कामयाबी।

हम जो पानी हैं

लोग जो पत्थर हैं पानी लिखते हैं, मैं पानी हूँ तो प्यास लिखूँ क्या

इकहत्तर प्रतिशत पृथ्वी पानी से ढँकी है, साठ प्रतिशत देह बनी है पानी से
यह भी एक दु:ख है कि छियानवे प्रतिशत खारा है दुनिया का पानी
खारेपन से लबालब इस दुनिया में हो जाओ तुम ही मीठी मशक
तुम्हारे पार्श्व पर लिख दूँ एक नवजात तृष्णा का नाम

ताप से ही नहीं याद से भी चटकता है गला
तुम्हें तुष्टि होना था नखलिस्तान हो गये
पानी की उँगलियों से भी बुलाते हो चाह के रेगिस्तान में

कैसे पानी हो
तुम्हें मेरी आब में होना था तुम आँख में आ गये।

स्मृति

1.

फिर एक समय मैं याद से डरने लगी, जबकि जानती थी कि यह पूरा संसार स्मृति के अतिरिक्त कुछ नहीं, प्रेम भी।

एक आंटी के पति 13 साल बिस्तर पर रहे, दूसरी कोई परेशानी न थी, बस प्रोग्रेसिव डिमेंशिया विकराल हो गया था। दिमाग़ नयी स्लेट जैसा कोरा, करवट लेना तक भूल गये थे। बैठना, हाथ हिलाना सब। सो जानती हूँ स्मृति सर्वस्व है।

फिर भी तुम्हें नहीं सोचूँगी। क्योंकि सोचने से भी स्मृति बनती है, स्मृति से ही प्रेम बनता है।

तुम लाख कोशिश करो मैं हमेशा भूलने के पक्ष में ही रहूँगी। भूलना जीवन के हर सन्ताप, छल और क्षति का ज़हरमार है।

बचपन में एक औरत के गले में शिराओं की नीली जंज़ीर-सी देखकर मैंने रोग का नाम पूछा, उसने कहा, विषबेल।

सुना है वह औरत अभी ज़िन्दा है, अबकी मिली तो पूछूँगी, "उसे भूलने से ठीक हुई थीं या याद न करने से ?"

2.

मित्र ने बताया आज उसकी माँ का श्राद्ध था। वे दो दशक पहले गुज़र चुकी थीं।

अच्छा!! क्या बना तुम्हारे यहाँ?

खीर, पूड़ी ...

फ़ोन रख कर मुझे याद आया। दो साल पहले गुज़रे पापा (ससुर जी) का न पिछले साल श्राद्ध हुआ, न इस बार ही माँ (सास) ने कुछ कहा। धर्म-कर्म मानने वाली माँ को याद तो ख़ूब होगा । शायद संकोच करती हों।

उनके कमरे में गयी, रामचरितमानस पढ़ रही थीं।

पूछने से ठीक पहले सुरमे जैसी शाम झपाक से कमरे की हर चीज़ पर बरस पड़ी।

माँ, आप इस बार भी बाबा साहब और जिया का श्राद्ध करेंगी?

हाँ, शत्रुघ्न आ जायें तो मिठाई, फल, पैसे बँटवा देना।

और पापा का ...? गले में जो चट्टान फँस गयी वह सरकती नहीं थी

आँसू उनके गालों से मानस पर गिरने लगे

"कैसे कहूँगी उसे देखकर कि अपने पापा का श्राद्ध कर दो? कैसे करूँगी उस आदमी के श्राद्ध की बात जो अब तक मुझे छोड़कर गया नहीं?"

देह काँप रही थी, बाँहों में भरे बैठी रही मैं देर तक।

दिल तोड़ दिया मैंने एक सोहनी का, हीर का, सस्सी का।

साइकिल

पहली साइकिल छोटी हो गयी, बाक़ी दोनों बारी-बारी से चोरी हो गयीं। बहुत दिनों तक सोचती रही, वे कहाँ होंगी, याद करती होंगी, कुछ कह न पाती होंगी।

17 साल की थी। साइकिल स्टैंड पर दो दिनों तक एक लावारिस साइकिल के रूप रंग की उद्घोषणा होती रही, मैं कॉलेज गयी अपनी साइकिल से थी लौटकर रिक्शा से आ गयी। बहन को लगता रहा कि यह मेरी साइकिल का ही अनाउंसमेंट हो रहा है, मुझे नहीं लगा। जब लगा तब तक साइकिल कोई और ले जा चुका था। अपनी पूरी ज़िन्दगी को मैं इस एक वाक्य और वाक़ये में समेट सकती हूँ।

फिर यह हुआ कि खाते हुए उसकी याद आ जाती तो भूख मर जाती। कोई मिलती-जुलती साइकिल लेकर सामने से गुज़र जाये तो दिल एक धड़कन चूक जाता। मेरी और तमाम बातों की तरह घर में कोई-न-कभी साइकिलों को लेकर मेरी दीवानगी को समझा न उन्हें खो देने के बाद के खालीपन को।

अन्तिम और तीसरी साइकिल जिस दिन कसी जा रही थी (यही कहते हैं नयी साइकिल लेते हुए), बहुत उदास हुई, रो ही दी। कुछ महीने पहले चोरी हुई वह साइकिल याद आ गयी। दिल अपनी ही बेवफ़ाई से टूक-टूक हो रहा था, पापा सोच रहे थे ख़ुशी के आँसू हैं। इतनी ही दूरी रही सदा, मेरे होने और दिखने में।

आगरा की लू और पाले में जब घर की और लड़कियाँ रिक्शा में भी घर से बाहर नहीं निकलतीं, तब मैं 15-16 किलोमीटर साइकिल चलाकर, शहर के दूसरे

छोर पर बसे कैंटोनमेंट इलाक़े में एनसीसी हेडक्वार्टर पहुँच जाती। राजामण्डी और हरीपर्वत में किताबें ढूँढ़ते अकेली भटकती। उन दिनों खाने का डिब्बा और पानी की बोतल रखने की न याद रहती थी और न तमीज़ थी। साथ साइकिल थी तो कोई कमी नहीं खलती थी।

अब कोई याद रखना कि जिस दिन मेरी अन्तिम साइकिल चोरी हुई और मैंने साइकिल चलानी छोड़ी उसी दिन से बर्बादी शुरू हुई थी, जैसे हाथों पैरों में बेड़ियाँ पड़ गयी हों।

कोई दुआ करना कि जिस उम्र में सपनों को पंख लगें और ज़ेब कड़क हो, उस उम्र में किसी लड़की की साइकिल चोरी न हो।

बन्दूक

सुनते हैं हमारे सासरे की एक ख़ानदानी बन्दूक पिछले पचास सालों से क़स्बे के थाने में जमा है। पहले लोग अपने लाइसेंसी हथियार सुरक्षा के लिए थाने में रखवा देते थे। कुछ तो हुआ कि कोई कभी उस बन्दूक को छुड़ाने नहीं गया।

मैं एक साधारण शहरी घर की लड़की, अपने आसपास डंडे या खुरपी से बड़ा हथियार न देखा था। शादी के बाद थाने में जमा उस बन्दूक का क़िस्सा सुनकर ठंडी रातों में अक्सर उस निकाल बाहर की गयी बन्दूक को याद किया करती। वह बन्दूक उस खोई रियासत और वैभव का अन्तिम स्मृतिचिह्न थी, जिसे इस घर में रोज़, हर घड़ी लोग याद तो करते थे पर पाल नहीं सकते थे।

मैंने स्कूल में एनसीसी में बन्दूक चलानी सीखी थी, यह जानकर इस ज़मींदारी कुनबे के लोग बहुत ख़ुश हुए, पर जब मैंने कहा कि बन्दूक एक बेकार चीज़ है, बदमाश होना बड़ी बात है। बदमाश मेरी ही बन्दूक छीनकर हम सबको मार देगा। तब वे बन्दूक की तरह मुझसे भी निराश हो गये।

बन्दूक के नाम पर मुझे मौत से लड़ती वे ख़ून-खच्चर जच्चाएँ याद आती हैं, जिनके परिवारीजन उन्हें अस्पताल ले जाने के बजाय बेटा होने का जश्न मनाने के लिए बन्दूक में कारतूस भर रहे थे।

वह दूल्हा याद आता है, जिसे अपने घोड़ी चढ़ने की ख़ुशी में दागी गयी बन्दूक का छर्रा लगा और घोड़ी पर ही ढेर हो गया।

आग में घुसकर रोटियाँ नहीं सेंकी जातीं, प्यारो !

चूल्हा

चूल्हे स्त्रियों के अतीत और अभाव की क्रूर स्मृतियाँ हैं। किसी बूढ़ी औरत को बताओ हमने आज पिकनिक में चूल्हे पर खाना पकाया, तो वह सिर पकड़ कर बैठ जायेगी।

बारिश में नमी को आग में तब्दील कर देना, गर्मियों में खुले चूल्हे पर अपनी देह भून कर रोटियों के अम्बार लगा देना पुरानी औरतों के करतब थे। वाहवाहियों के लाख प्रलोभनों के बाद भी कोई नयी औरत उन्हें कर दिखाने को तैयार नहीं होती।

चूल्हा तमाम ज़िन्दादिल औरतों की चिता बन गया। लोग कहते रहे इनके हाथ में स्वाद है। मगर वे धुएँदार दीवारों और बड़े- बड़े, कालिख पुते हण्डे कड़ाहों में गुमशुदा औरतें कभी अपने हाथ का स्वाद भी जान नहीं पायीं।

उनके पति मधुबाला और नर्गिस के आशिक थे। उनके बच्चे तमीज़ सीखने तवायफ़ों के पास भेजे जाते थे।

वे सुबह शाम चूल्हे की भूख शान्त करने की जुगत भिड़ाती थीं।

हाथ

पापा के हाथ साँवले और सुडौल थे, पाँव गोरे थे (हैं)। मैंने उस इन्सान का बहुत इन्तज़ार किया, जिसके हाथ मुझे पापा के हाथों से अधिक सुन्दर लगें और यह रस्म पूरी हो जाये।

वह इन्सान आया, मैंने उसके चेहरे को अपनी आँखों में भरा, अनगिनत बार चूमा, पर दिल में जो किसी के हाथ रखने की जगह होती है, वहाँ पापा के हाथ रखे रहे।

पूस की ठण्डी रातों में 29 साल के पापा काम से लौटते, बर्फ़ीले हाथों को आपस में रगड़ते गर्म करते मुझे गोद में उठा लेते, मैं साल भर की उम्र में आधी-आधी रात तक उनके लौट आने के इन्तज़ार में जागती।

आज भी उन बड़ी-बड़ी हथेलियों में थमी उनके कन्धे पर टिकी हूँ ।

एक बार मज़दूर कम थे, तो उन्होंने एल्युमिनियम के मोटे तार सबके साथ खींचे, उनकी हथेली के वे छाले, मेरे दिल में छुपे हाथों पर तपकते हैं।

उन्हें लकवा हुआ तो उनका बायाँ हाथ निष्प्राण हो गया। अब भी घर जाकर मैं घण्टों उसे थामे बैठी रहती हूँ। अब भी कोई प्यार से मेरा हाथ थामना चाहे तो मैं कतरा कर हाथ खींच लेती हूँ।

हिचकी

यह जीवन दो विस्मृतियों के बीच की एक हिचकी भर है। जाने कौन हमें याद करता है कि हमारी साँसें चलने लगती हैं। जाने कौन पीठ फेरता है कि हम अन्तिम हिचकी ले लेते हैं। किसी ने तो बताया कि उसका नाम ईश्वर है।

कुछ लोगों को तीखा खाकर हिचकियाँ आती हैं। एक ज़रा-सी मिर्च ने यह ज्ञान दे दिया कि हिचकियों का मुहब्बतों से कोई वास्ता नहीं।

प्रार्थना

पिता के स्ट्रोक से अवश होने पर पहली बार मुझे पता चला प्रार्थना क्या होती है। प्रार्थना का निष्फल होना भी उसी दिन जाना। जितने प्रकार थे प्रार्थना किये जाने के वे सब किये। ईश्वर ने हर सम्भव प्रकार से उन्हें अनसुना किया।

वह एक फ़िल्मी तरह की प्रार्थना थी, जब मैंने एंबुलेंस रुकते ही ड्यूटी डॉक्टर से उन्हें बचा लेने की मिन्नतें करनी शुरू कर दी थीं। मुझे आज भी पता है कि एक परिपक्व और पढ़े-लिखे इन्सान को ऐसा नहीं करना चाहिए, मगर मैं आज भी किसी के सामने वैसे ही गिड़गिड़ाने को तैयार हूँ, जो उन्हें ठीक कर देने की ज़रा-सी आस भर बँधा दे।

अलविदा

अलविदा कहना एक निरर्थक औपचारिकता है। जिन स्थानों पर हमारे क़दम पड़ चुके, जिन लोगों से एक बार मिल लिये, वे हमारी स्मृति से ही नष्ट हो जायें तो और बात है, उनसे कभी दूर नहीं हुआ जा सकता।

विदा में हिलते हाथ को देख मुझे अक्सर यह धोखा हुआ है कि कोई रोककर कुछ कहना चाह रहा है। कई बार मुड़कर गयी पूछने वह बाक़ी बात, लोगों ने कहा कुछ नहीं, बात ख़त्म हुई।

शहर

हमने अपने पीछे जो शहर छोड़ा है, वह उसे छोड़ चुके लोगों की डायरी भर है।

यह सच है कि पीछे छूटे हुए घरों में आज भी राशन ख़रीदा जाता है, रंग-रोगन किया जाता है, जिया मरा जाता है। कुछ लोग अब भी उसी हवा पानी ज़मीन के साथ मौजूद हैं वहाँ।

लेकिन कैसा लगता होगा वह शहर तुम बिन, कैसा लगता होगा वह शहर मुझ बिन, कोई तीसरा हमारी आँख से देखे तो बताये। वह शहर जहाँ दो लोग बहुत कम फासले पर रहते हुए मुद्दतों नहीं देख पाये थे एक दूसरे को। वही दो लोग जो हर शाम किसी से एक-दूसरे का ज़िक्र न करते पाये जाते थे।

उन दोनों के निकल जाने के बाद उस शहर से कितने धुँधलके, कितनी तड़प, कितना विरह कम हुआ होगा। ठीक ही हुआ, उस शहर की आबोहवा के लिए भी तो इतना दुराव अच्छा नहीं था।

आज भी हम मिलने-जुलने की दुनिया के दो कोनों पर रह रहे हैं, आज भी हम ज़िक्र नहीं करते किसी से एक दूसरे का, अन्तर यह हुआ है कि अब हमें याद भी नहीं आती ज़िक्र करने लायक कोई बात।

हमारे बीच से एक वह शहर निकल गया और हम अजनबी हो गये।

मन (का ठौर) कहाँ है?

आँसू-तो-आँख में रहते हैं, दु:ख कहाँ रहता है देह में, सुख कहाँ से उमगता है? अपमान कहाँ आकर अटक जाता है? घृणा क्या निचले जबड़े में बसती है?

यह सब कोई बताना, इतना भर पता है कि पीड़ा देह के उसी अंग में रहती है जहाँ होती है।

उपेक्षा चली जाती है कहीं और रहने।

एक चिन्ता मेरे मस्तिष्क के गोलार्धों के बीच बैठी है कि प्रेम और विरह एक ही जगह क्यों दु:खते हैं।

आस शायद कण्ड से कपाल के बीच कहीं लटकी है,

साँस आधी ही आती है प्रतीक्षा में सो फेफड़ों में ही बसेरा हो सकता है अन्तहीन प्रतीक्षाओं का।

मन जाने कहाँ रहता है हृदय में या मस्तिष्क में? तुम बताना, इसका ठौर बस तुम्हें पता है।

आँसू

आँसू एक बेधार, बेसहूर हथियार की तरह साथ रहे। एकदम बेमौके चोट करते हुए।

उसकी आवाज़ सुनी तो लाख ताकीद के बाद भी बेसब्रे टपकते रहे, जी चाहता था कि एक ज़ोर का थप्पड़ रसीद करूँ अपने गाल पर जो ये बहने बन्द हो जायें। चोट खाकर रोना नहीं आता।

बाज़ार

सबसे कठिन था दुनिया से यह छिपाना कि मैं एक बाज़ार हूँ। युद्ध के बीच खड़ा आदमी शान्ति के लिए सबसे व्याकुल होता है। मैं छिपा लेना चाहती थी अपना एक महानगर की बहुमंज़िली इमारत में रहना। क्योंकि जो यह बात जान लेता था, वह फिर जानना ही नहीं चाहता था कि मेरे भीतर का आदिवासी अपने आसपास फैले बाज़ार से कितना विमुख, विरक्त और क्लान्त है।

जीवन की वे सब जगहें जहाँ मैं चाहती थी कि यदि प्यार न टिक सके तो एक जंगल ही उग आये, बाज़ार से भर गयीं। सम्पन्न ही नहीं साधारण लोग भी कुशल कारोबारी मिले। मुद्रा में लेन-देन न करने वाले कवि कहीं अधिक शातिर कारोबारी निकले।

यात्रा

रेलगाड़ी से रात

रेलगाड़ी में रात एक अनुमान है।

वह एक पहर भर नहीं जो हमारे बसेरों के बाहर उतरती है रोशनी में लिपी-पुती। यह तो वह बला है, जिससे निबटने के लिए ईश्वर ने चमकीला आसमान गढ़ा, इन्सान ने गुफा खोजी और आग खोज निकाली। उसके बाद, यह दुनिया हमेशा के लिए बदल गयी।

रेलगाड़ी से रात को निहारना रोमांचक है। कृत्रिम रोशनियों के अन्तरालों में फैले निचाट अन्धेरे में रात अपनी पूरी विकरालता, विकट स्वाभाविकता और रहस्यों के साथ पसरी है। एक अन्धे स्याह महासागर-सी अछोर और अथाह। कुछ नहीं दिखता, बस यह अनुमान कि यहाँ पानी होगा, यहाँ मैदान और यहाँ खाई।

एक आदिम भय रीढ़ को सुन्न करता है, यदि इस अन्धे महासागर के बीचोंबीच हम इस रेलगाड़ी के कवच के बिना खड़े कर दिये जायें तो हमारा क्या हो?

क्या डूब नहीं जायेंगे इस अतल अँधेरे में?

दो तारे चल रहे हैं साथ, बिना कुछ ख़ास रोशनी फेंके।

कभी-कभार एक दूसरी रेलगाड़ी बग़ल से धड़धड़ाती गुज़रती है या इस महासागर के दूसरे सिरे किसी बस्ती का बल्ब टिमटिमाता है, तो साँस आती है। लोग हैं अभी दुनिया में।

सड़क

सड़क पर सरकार का ठप्पा लगा है फिर भी घूमती फिरती है जहाँ-तहाँ।
नारे लगाती है उसी के ख़िलाफ़, पत्थर चलाती है ताबड़तोड़
और फिर लेट जाती है वहीं गुस्ताखियों में सराबोर
मैं इस सड़क जैसी बेपरवाही और मुख़ालफ़त के साथ
इसी पर चल कर पहुँच जाना चाहती थी तुम तक
क्योंकि अनियोजित जी सकना ही अर्हता है प्रेम कर सकने की।

मौन

मौन आवाज़ की गति से भी तेज़ भागता है, लोग आवाज़ की गति नापने में लगे रहे, ख़ामोशियाँ अपने साथ सब कुछ बटोर ले गयीं।

ख़ामोशी प्रेम को मरते देखती हैं, हत्याएँ होते देखती हैं
देखती रहती हैं एक बलात्कारी को निर्वस्त्र शव पर थूकते

दिसम्बर की एक सर्द रात एक चलती बस से बाहर उछाल दी जाती है विरोध की एक आवाज़। खामोशी 120 किलोमीटर प्रति घण्टा की गति से एक गली के पिछवाड़े जा छिपती है

हाँफती रहती है प्यासे कुत्ते सी मुनाफकत की ओट में बैठ

मैं बोलती रहती हूँ
शब्दों में प्रेम को ज़िन्दा रखने की कोशिश में
तुम चुप हो गये हो कि तुम्हें सब ख़त्म करना है।

औरत और जाति

याद रखना कि औरतें देह होती हैं
फूलों के अतिरिक्त इन्हें ही सप्रेम सूँघा, भोगा, कुचला जाता है
सिक्का गिरे भी तो बूलन्द खनखनाता है फूल तोड़े जाते हुए, मसले जाते हुए भी ख़ामोश रहते हैं
याद रखना कि तुम्हारी जाति और मज़हब से बाहर के सब लोग मार दिये जाने के लिए बने हैं।
तुम्हारे कुनबे से बाहर की हर औरत एक देह की गाली है
बस यह भूल जाना कि तुम्हारे कुनबे की हर औरत
किसी और के लिए बाहर की औरत है।

मृत्यु

1.

सृजन का नहीं मृत्यु का देवता जन्म देता है, हमें इस मृत्युलोक में
बहुत लोग चले गये इस बरस जो अपने थे, बहुत लोग आने वाले बरस चले जायेंगे।
अब सोचती हूँ हमने बस काल की समिधा बनने के लिए ही जन्म लिया था, जैसे विरह का कारण प्रेम था, मृत्यु का कारण होना चाहिए जीवन।

2.

ज़िन्दगी कई बार अकेला मरने के लिए छोड़ देती है, तो जैसे-तैसे जी लेते हैं। मरने जीने के ये हादसे आपके सिवाय किसी को नहीं पता चलते आपके सबसे

नजदीकी लोगों को भी। फिर भी आप इस ज़िन्दगी को न केवल माफ़ कर देते हैं, बल्कि जिये चले जाते हैं मुसलसल। यही अजूबा है सबसे बड़ा, यही जीने का जोखिम है।

मातृभाषा-1

हम अनेक भाषाएँ जानती हैं
जाने किसने चुप्पी और धीरज को हमारी मातृभाषा कर दिया
अब हम अपने भाइयों की तरह भाषा में बोलना चाहती हैं।

मातृभाषा-2

कुछ न समझे जा सकने योग्य अभावों में एक अभाव यह है कि मेरी मातृभाषा खड़ी बोली हिन्दी है यानी मैंने अपने परिजनों को इसे ही मातृभाषा की तरह बरतते देखा है। मेरे मन में उन लोगों के लिए बहुत सम्मान होता है, जो हिन्दी और अंग्रेज़ी के अतिरिक्त एक और क्षेत्रीय भाषा का ज्ञान रखते हैं, वह जो भाषा उनकी मातृभाषा होती है।

काश! मुझे भी किसी क्षेत्रीय भाषा का ज्ञान होता या कम-से-कम किसी देशज बोली का ही। बहुत खुश या क्षुब्ध होती तो उसी में स्वयं को अभिव्यक्त करती। मेरी माँ की मातृभाषा इटावा की भाषा है जो बुंदेलखंडी और हिन्दी का अपभ्रंश है। पर हमसे वे हिन्दी में ही बात करती हैं। ऐसे यह खड़ी बोली हिन्दी अनेक देशज मातृभाषाओं को खा गयी है।

किस भाषा में कहे जायें वे दुःख
जिन्हें बोलने और लिखने वाली भाषा में समझा नहीं गया है
कितने लोगों के साथ खड़े हो जाने से
टूटेगा वह सन्नाटा
जो एक स्पर्श के खो जाने से जन्मा है।

युद्ध

यह सच है कि दुनिया के सभी युद्ध भूमि, जल या आकाश से अधिक औरतों और बच्चों की देह पर लड़े जाते हैं। युद्ध में औरत बलात्कार का शिकार न हो तो भी अपनों को खोने की पीड़ा लिये अनन्तकाल तक अपनी ही धरती पर उजड़ी रहती हैं।

विडम्बना यह है कि कोई युद्ध न औरतें आरम्भ करती हैं, न समाप्त, वे लड़तीं तक नहीं बस हताहत होती हैं।

गौरैया

थर्मामीटर के पारे की तरह पृथ्वी पर उनकी उपस्थिति घटती बढ़ती है। वे दुनिया के माथे पार पर्यावरण पर ढाये गये हमारे अत्याचारों का प्रतिबिम्ब हैं।

मुम्बई में एक बार एक अनाम स्टेशन पर उतरना हुआ (उसका नाम तो है पर याद न रहा)। वहाँ एक बहुत ऊँचा और बहुत फैला हुआ पेड़ सिर्फ़ गौरैयों से भरा था। हज़ारों गौरैयाँ बहुत कोलाहल के साथ एक साथ ऊपर उड़तीं, फिर एक साथ डालियों पर बैठ जातीं। मैं बहुत दिन सोचती रही, इस जगह के निवासियों ने कोई तो ऐसा काम किया होगा कि उनकी गौरैयाँ उनसे रूठीं नहीं।

जोगेश्वरी में मैं जहाँ टहलती थी, वहाँ एक चमेली की झाड़ी में अनेक गौरैयाँ रहती थीं। एक बार एक कौआ छोटी-सी एक गौरैया को गर्दन से दबोच ले गया, वह बुरी तरह चिंचियाती रही। मैंने आवाज़ें करके और चीज़ें फेंक कर उसे बचाना चाहा पर 11वें माले से भी आप आकाश में उड़ती शै की बराबरी नहीं कर सकते।

यह कैसा इकोसिस्टम है, जो कहता है कि बलवान से निरीह को बचाना नहीं चाहिए। यह कैसी सामाजिक व्यवस्था है, जो निर्बल को शक्तिशाली का आहार बनाने के लिए पैदा करती है।

दहेज

दहेज लड़की के जन्म का दण्ड और शुल्क ही नहीं उसे आजीवन दोयम रखने का मन्त्र भी है।

किसने जूते घिसे अपनी सर्वगुण सम्पन्न बेटी के लिए सुयोग्य वर ढूँढ़ने में? किसने ख़ुशामदें कीं अपनी परम सुन्दरी कन्या से ब्याह के लिए राजा वेन के पुत्र निषाद जैसे अशोभन वर के पिता के सामने? किसने अपनी कमाऊ लड़की भी भारी दहेज के साथ विदा की?

जिसने की उसकी सन्तान जीवन भर सर उठाकर और आँख मिलाकर बात कैसे कर सकती है?

दहेज, कन्या भ्रूणहत्याओं का मूलभूत कारण है

बेमेल विवाहों का मूलभूत कारण है

सजातीय विवाह के आग्रह का प्रच्छन्न कारण भी है

लड़कियों का आत्मनिर्भर न होना दहेज का कारण व परिणाम दोनों है।

लोग बहुधा कहते हैं कि दहेज लेना लड़के को बेच देना है।

बड़ी ग़लतफ़हमी है, क्योंकि दहेज लेकर भी वह बिकता नहीं है, लड़की ही नीलाम होती है। वही साथ जाती है दहेज लेने वाले पुरुष के साथ।

कैसी होती होगी दहेज वाले दम्पति की प्रथम रात्रि?

स्त्रीवादी गिरस्तिनें

वे जानती थीं उत्कृष्ट जीवन क्या होता है, अन्तिम क्षणों तक यह लालसा उनकी पुतलियों में काँपती रही थी।

वे युद्ध के मैदान में नहीं, क़िले के भीतर थीं, अगर वह ढहता तो पहली शहतीर उनके ही अस्तित्व को चकनाचूर करती गिरती।

पहली मीनार उनके ही सौभाग्य की धराशायी होती, फिर भी वे चोट करती गयीं।

यक़ीन मानिए यह बहुत कठिन था।

कितनी मर-खप गयीं, युद्ध के मैदानों में नहीं, स्टोव फटने से नहीं, कन्या-भ्रूण के रूप में माँ के गर्भ में नहीं, बल्कि बहुत सुख में।

उन्हें समाज की एक पुत्र की आकांक्षा के लिए कई-कई व्यर्थ बेटियाँ पैदा करनी पड़ीं (आप इसके लिए उनकी आलोचना कर सकते हैं, पर याद रखियेगा, उन्हें ख़िलाफ़ होकर कुछ भी नहीं मिलना था, उन्हें साथ रहकर सेंध लगानी थी), पर फिर उन्होंने उन बेटियों को बहुत मनुष्य बनाया।

उन्होंने समृद्धि और सम्पन्नता के चौबारों में घर के पशुओं, श्रमिकों और लम्बे चौड़े कुनबे की सेवा और पोषण का बोझ अपने सुकुमार कन्धों पर उठाया, लेकिन अपने स्वाभिमान पर आँच नहीं आने दी।

पाँच वर्ष के बेटे ने गन्दी गाली दी तो वे हाथ भर लम्बा घूँघट किये हाथ में जलता चैला लेकर मर्दाने में आ खड़ी हुईं, "यहाँ कौन औरतों के नाम पर गाली देता है, मेरे बेटे के सामने? काबू नहीं है तो ज़ुबान आगे कीजिए जला दूँ, ताकि यह उनकी इज़्ज़त करना सीख सके।"

परिवार में ही ऐसी औरतों को देखकर, उनके क़िस्से सुनकर मुझे भारतीय मूल की नोरा बेकर यानी नूर इनायत ख़ान की याद आती है, जो दूसरे विश्वयुद्ध में ब्रितानी जासूस रही थी। दुश्मन के ख़ेमे के बीचोबीच जिस साहस के साथ अपना काम किया, उसकी दूसरी मिसाल जल्दी नहीं मिलती। नाज़ियों के हाथों अकल्पनीय शारीरिक और मानसिक प्रताड़ना सहने के बाद भी वधस्थल पर जिनका अन्तिम शब्द था 'मुक्ति।'

जिन गृहस्थ स्त्रियों ने अपने घर के भीतर से क्रान्ति और चेतना का बिगुल बजाया वे संख्या में कम थीं कमतर नहीं। अब तो कम भी नहीं हैं।

तो जब स्त्री स्वातन्त्र्य की बात कीजिए तो उन पत्नियों और माँओं के अवदान को मत भूलिए, जिन्होंने सामाजिक परिवर्तनों में बड़ी भूमिका निबाही, जिन्हें गृहस्थी भी करनी थी और परिवर्तन के यज्ञ की समिधा भी बनना था।

विवाह का अर्थ, सफलता का अर्थ, परिवार का अर्थ सदैव सुविधाजीवी होना नहीं, कुन्द होना, स्वतन्त्रचेता न होना भी नहीं, कुम्हार की तरह धीमी थाप से सम्हाल कर बड़े-बड़े पात्र बना देना है, यह सीखना भी है कि कब चोट करनी है कब प्रेम। विवाह का अर्थ आँवे के बीचोबीच खड़े होकर जीवन को पकाना है।

दैहिक

क्या ग़ज़ब है कि लोग, जिसके दिल की महानता पर बड़े-बड़े काव्य लिख गये, मैं उस माँ की देह पर मरी जा रही हूँ

उजले गन्दुम के बहुत नर्म गुँथे आटे से छोटे सुडौल हाथ और पाँव।

दौड़-दौड़कर जाती थी, उससे लिपटने। घण्टों पड़ी रहती, उसकी छाती में मुँह घुसाये।

कभी लोशन लगाती, कभी तेल, कभी नेलपॉलिश लगाती।

लोभी आदमी जोड़ता है एक एक दमड़ी, मैं माँ की देह जोड़ती थी अपनी देह में।

अन्तिम बार सजाने लगे सब

जी कड़ा कर बाहर निकल गयी। उन नाज़ुक हाथ पाँवों पर बेतरतीबी से लगायी जाती आलता।

माँ होतीं तो छूने न देतीं किसी को। कहतीं

गुड़िया तुम लगाओ बस और पम्मी

माँ की देह को पीछे छोड़ना

गौतम के गृहत्याग से छोटी बात न थी।

❑❑